AF897009

OS AUTORES

Mulato, sarará, cafuso, mameluco, dentre outras são algumas das definições que refletem a miscigenação no Brasil. Esta mistura não ocorre somente em relação às raças ou etnias, mas também em várias esferas culturais, e, por isso, a riqueza que se encontra em terras brasileiras é muito grande. É muito comum no Brasil, por sua história singular, as pessoas, ao longo de suas existências, terem contato com várias religiões e religiosidades; isto acontece de acordo com as preferências dos pais, porém, quando adultos podem escolher e adotar a religiosidade que mais tem afinidade. Reafirmo que os pais e a família podem exercer influência nesta escolha, e algumas pessoas têm orgulho disso, dessa raiz familiar, que reforça sua ancestralidade, especialmente nos cultos de matriz africana. Meu nome é **Elisabeth da Silva dos Passos** e tive contato com várias religiões durante o meu crescimento. Fui batizada, tive contato com a umbanda por parte de mãe, conheci o espiritismo e outras religiões. Ou seja, vivenciei toda a singularidade de ser brasileira.

Em termos acadêmicos sou professora de História formada pela UFRJ, mestre em História Comparada pela UFRJ; bacharel em Direito pela UERJ, falo inglês e francês, e me apaixonei completamente pelo Yorùbá em 2020. O contato com a língua surgiu pela necessidade do meu esposo de aprender a língua. Procuramos cursos no Rio de Janeiro, e nos deparamos com o PROLEM-UFF, com o professor Kamal, com a pesquisadora e amiga Gláucia, e, a partir deste contato, a paixão pela língua e cultura yorùbá somente vêm aumentando. Nesse processo, conjuntamente a estes dois pesquisadores (Kamal e Gláucia), decidimos elaborar este material, cujo principal objetivo é: fazer com que um maior número de pessoas possa compreender e falar o yorubá, e ter um material que não seja somente teórico, mas também prático para o aprendizado desta língua.

Quando nasci na cidade do Rio de Janeiro, RJ, Brasil, fui batizada na igreja católica por **Gláucia Gomes de Azevedo**, em 1971. Em 2006, atendendo ao chamado ancestral africano, fui confirmada ajoye Oya (cargo no candomblé) com o orukọ (nome): Toilé Oya (lê-se toilêoiá), traduzido como a "Força da casa de Iansã" pelo querido professor e ogá José Beniste. No meu período de vida entre meu nascimento até hoje, estudei no Colégio Pedro II, fiz faculdade de Geografia na UFRJ, um mestrado em Educação na UERJ, inúmeros cursos e palestras assistidos e realizados e participações em diversas pesquisas. Lecionei geografia e sociologia no ensino fundamental e médio até ser aposentada pelo Estado do RJ em 2020, sou vice-presidente da Associação do Ilé Àṣẹ Opó Ọdẹbomin (terreiro que meu marido é bàbálòrìṣà – pai de santo), sou artista plástica e integrante do grupo de pesquisa Ọmọ kekere (UFPel) e do grupo de estudos EL'EEKO (UFPel) além de realizar minhas próprias pesquisas sobre Cultura e Língua Yorùbá.

Estudo Cultura e língua Yorùbá há alguns anos, e ensino língua Yorubá para iniciantes. Acredito que é minha responsabilidade ajudar a preservar e divulgar as culturas africanas e indígenas invisibilizadas na história do Brasil e que fazem parte da formação da nossa sociedade, por isso me associei com essas duas pessoas maravilhosas, professor Kamal e Elisabeth, para escrever este material, que acredito que pode ajudar muitas pessoas a compreender e apreender um pouco da língua desse grupo de nações que chamamos de Yorùbá que chegaram ao Brasil como escravizados e que fazem parte da formação da cultura da sociedade brasileira. Este material é uma forma de nos aproximarmos do continente africano e em especial, do povo Yorùbá. Espero que aproveitem! (glauciagazevedo@yahoo.com.br)

Eu me chamo **Wassi Kamal Amoussa**. Sou estudante de Relações Internacionais na Universidade Federal Fluminense. Também sou professor de língua e cultura yoruba no Prolem-UFF e palestrante.

Eu e toda minha família somos yorubás originários da Nigéria.

Eu nasci na Costa do Marfim mas sou de nacionalidade beninense. Eu passei uma pequena parte da minha infância na Costa do Marfim e, algum tempo depois, morei no Benin com minha família até vir para o Brasil, em fevereiro de 2017.

Meu objetivo principal é levar às pessoas a conhecer a beleza e a diversidade da língua e da cultura yorubá.

Eu resolvi começar a ministrar aulas de yorubá porque percebi a proximidade que o povo afro-brasileiro tem com a cultura yorubá e o quanto as pessoas se encantam quando me apresentava como yorubá nativo. Por essa razão, eu decidi escrever o livro "ÈDÈ YORUBÁ", visando a ensinar essa língua e a esclarecer as dificuldades que meus alunos apresentavam durante o processo de aprendizagem do yorubá.

A escassez de materiais didáticos e de dicionários de yorubá é um fator que dificulta o ensino-aprendizagem da língua no Brasil. No início de meu livro, falo um pouco sobre a história, a origem e a cultura do povo yorubá, para contextualizar o leitor à realidade de nossa gente. Mais adiante, começou a tratar da parte gramatical, explicando detidamente a conjugação, a gramática e a ortografia, acompanhadas de exercícios de aplicações e suas correções. Para permitir o livre acesso e facilitar a compreensão, todas as explicações são feitas em português, sendo assim, este é um livro bilíngue, em yorùbá e português.

AGRADECIMENTOS EM TRIO

Somos um trio de pessoas que começaram como professor e alunas e hoje somos amigos com o objetivo de ajudar as pessoas que querem aprender a língua Yorùbá. Agradecemos aos nossos ancestrais pelas lutas que enfrentaram para fazer perdurar no tempo a língua e a cultura Yorubá. Aos nossos pais e mães que nos educaram. Agradecemos à amizade surgida entre nós três. À professora Viviana Gelado, pelo empenho na promoção do estudo da língua e da cultura Yorubá na UFF. Ao professor José Beniste e ao professor Márcio de Jagun, pelos estudos pioneiros e rigorosos sobre a língua yorubá e sobre os processos de recriação da cultura Yorubá no Brasil, bem como pela persistência de ambos no trabalho educativo. A Faras Ademola Adjao Alli, por seu apoio e por compartilhar seu conhecimento da língua e da cultura Yorubá com o povo brasileiro. Aos alunos e alunas de língua Yorùbá cujo interesse na língua é a ponte África-Brasil, tão necessária e tão apagada. À toda a diáspora beninense e nigeriana no Brasil. À Paula Orselli, que não está mais entre nós, mas que amava estudar tanto quanto amava viver. Aos nossos colegas de aulas de Yorùbá na UFF e fora dela que fizeram e ainda fazem parte dessa jornada de aprendizado. Aos programas de extensão das universidades públicas brasileiras que oferecem o ensino da língua Yorùbá além de outras. Adúpẹ́.

CONTEÚDO PROGRAMÁTICO

1. ORÍSUN ATI AWỌN ILẸ̀ YORÙBÁ - A ORIGEM E A LOCALIZAÇÃO DO POVO YORÙBÁ

Os Yorubá[1] são um grupo étnico que vive na África Ocidental. Seu número é atualmente estimado em cerca de 44 milhões de pessoas, cuja maioria vive na Nigéria e representa cerca de 21% da população do país. Eles são um dos maiores grupos étnicos da África e a língua yorubá faz parte da família linguística nigero-congolesa. O povo Yorùbá reúne um número significativo de grupos étnicos como Egba, Ketu, Ijebu e Ifé entre outros. Eles habitavam o antigo Daomé (hoje Benin), Togo e principalmente o sudoeste da Nigéria.

Três reinos desempenharam um papel importante na região até o final do século XIX: Daomé, Ọyọ e Benin. O reino de Daomé foi formado no século XVII pelo povo *fon* e iniciou o seu processo de expansão no século XVIII, por meio da conquista dos Reinos de *Allada, Ouidah e Popó*. Em virtude do tráfico de pessoas escravizadas, o Reino do Daomé desempenhou importante papel no contexto afro-atlântico, sobretudo durante o século XVIII. No início do século XVIII, o Daomé havia se tornado uma potência da região. Além do comércio (escravagista e de óleo de palma), o poder do reino derivava também do poderoso exército de mulheres, as *ahosi*, guardas do/a governante. No auge, as *ahosi* representavam um terço do exército do Daomé.

Ọyọ, graças ao *alaafin* Orompoto, que usou a riqueza derivada do comércio para estabelecer uma cavalaria e manter um exército treinado, Ọyọ se tornou um verdadeiro Império, que subjugou o reino do Daomé em 1724-30 e 1738-

---

[1] Usamos a palavra Yorubá sem S porque na língua Yorubá não se faz o plural desta forma. Ver capítulo sobre plural

48 e negociou com mercadores europeus na costa através do porto de Ajase (atual Porto Novo).

O Benin era uma cidade-estado, fortemente murada, que se formou no século XIII e se tornou um estado comercial próspero como entreposto que vendia anil, peixe seco, inhame, feijões, gado, sal, utensílios de barro, ferro e cobre além de arte refinada e detalhada[2].

A cidade mais importante de todos os reinos Yorùbá, no contexto religioso, foi Ilé-Ifẹ̀ e a tradição afirma que foi aí que começou a criação da terra (humanidade). Muitos autores, principalmente africanos, consideram o fundador dos Yorùbá como sendo Oduduwa, de origem árabe. Alguns acreditam que ele era originalmente de Meca, Alto Egito ou das margens do Nilo. Oduduwa é considerado o criador do governo moderno e das instituições e organizações que fizeram a glória da nação Yorubá[3].

O sistema religioso e cultural Yorùbá se espalhou para além de Ifẹ̀, através dos milhões de escravos que foram enviados para as colônias inglesas, francesas, espanholas e portuguesas do Novo Mundo.

---

[2] Para mais informações, sugerimos os textos de Ynaê Lopes dos Santos e Alberto da Costa e Silva e os livros do projeto "História Geral da África" da UNESCO

[3] Há indícios que Oduduwa possa ter sido mulher. Para mais esclarecimentos: "A invenção das mulheres" de Oyèrónkẹ́ Oyèwùmí

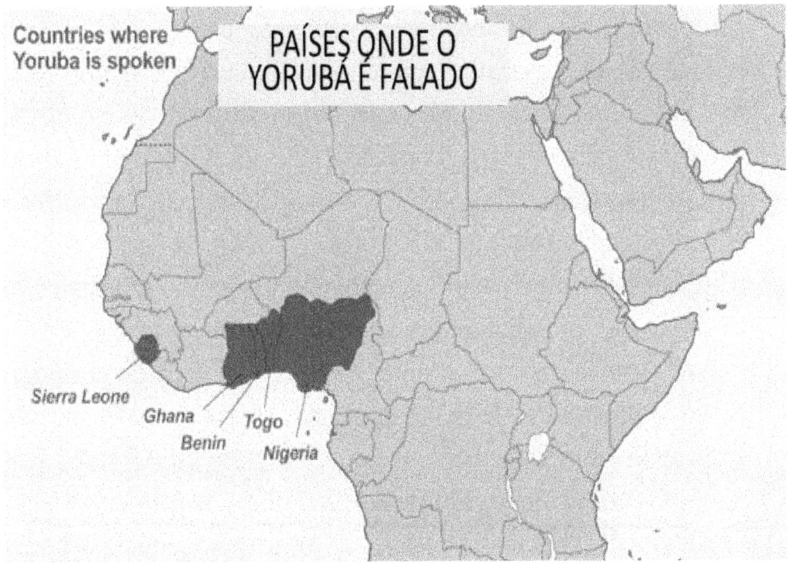

Fonte: ATLAS - Yorùbá: Introduction (ucl.ac.uk)

As comunidades Yorùbá também vivem em outros países além da Nigéria, incluindo Costa do Marfim, Gana, Serra Leoa e Libéria. Os ritos religiosos Yorùbá, bem como sua música e suas crenças alcançaram até a República Dominicana, Porto Rico, Cuba, Santa Lúcia, Venezuela, Trinidad e Tobago, Granada, Brasil e Jamaica, entre outras partes do mundo. Os Yorùbá têm um senso muito profundo da importância de sua cultura e tradições que os une e os identifica e, atualmente, vêm vivenciando um resgate com a vinda de diversos africanos para o Brasil.

Quem é ODUDUWA?

Oduduwa (ou mesmo Oodua) pode ter sido um príncipe de um reino no Oriente. De acordo com algumas fontes, era da Arábia Saudita e de acordo com outras fontes, era do Alto Egito (Núbia). Mas uma coisa é certa, ele veio do leste. Durante o reinado de seu pai, o Príncipe Oduduwa foi contra a adoção do Islã[4] como religião e defendia o culto tradicional, o que resultou em um conflito cujo resultado foi a morte do rei, e todos aqueles que os apoiavam foram expulsos. Oduduwa partiu então com dois de seus irmãos (que se tornaram os reis de Gogobiri e Kukawa, das tribos Hausa), mas eles tomaram caminhos diferentes. Oduduwa e sua comitiva vagaram por muito tempo e acabaram chegando na região de Ile-Ifẹ̀ onde pretendiam se instalar apenas o tempo de se tornarem mais poderosos para voltar e se vingar de seu país. Nesta região de Ile-Ifẹ̀ já havia dezesseis comunidades, aldeãs que eles tiveram que subjugar e unificar para fundar um único reino. Oduduwa governou este reino como o primeiro Ooni. Ele os ensinou e os fez adotar o culto pelo qual ele havia lutado. O reino se tornou o maior e mais moderno de toda a região nessa época.

Antes da sua morte, muitos descendentes seus, a fim de evitar lutas intermináveis pelo poder, partiram para formar reinos em outros lugares. É daí que vêm as várias tribos, que mais tarde agrupamos sob o mesmo nome Yorubá, cujo tronco linguístico é o mesmo. Após sua morte Oduduwa é elevado à categoria de Orixá e, assim, entra no panteão cosmogônico de divindades Yorùbá. Por mais numerosos, diversos (e às vezes antagônicos) que sejam os diferentes subgrupos Yorùbá, hoje a história de que Oduduwa é seu ancestral em comum é bem aceita.

---

[4] A expansão do Islã no continente africano se deu nos séculos VII e VIII da Era Comum.

2. PÀTÀKÌ ORUKỌ FUN AWỌN YORÙBÁ - A importância dos nomes para os Yorùbá

Na cultura Yorùbá nenhum nome é dado aleatoriamente, são escolhidos de acordo com certas características (àyànmọ́ - destino; ibí - nascimento; oríkì - são verdadeiras poesias, dados às pessoas quando nascem) ou de acordo com sua família.

Há nomes cujo prefixo é o nome do deus adorado na família como Ògun, Ṣango, Oya, Eṣu, Ọṣun, Ifa, Oṣo, etc. Devido às mudanças nas crenças religiosas dentro de várias famílias, muitos desses prefixos foram substituídos por Oluwa para denotar Deus como criador do céu e da terra. Alguns chegam ao ponto de substituir esses prefixos por Jesus em homenagem a Jesus Cristo. Então, hoje temos nomes como:

Oguntoyin (Ogun merece elogios), Ṣangotoyin (Sango merece elogios), Ọyatoyin (Oya merece elogios), Eṣutoyin (Eṣu merece elogios), Ọṣuntoyin (Ọṣun merece ser elogiada), Ifatoyin (Ifa merece elogios), Oṣotoyin (Oṣo merece elogios), ou Oluwatoyin (Deus merece elogios).

Existem prefixos que originalmente eram específicos apenas para a classe alta da sociedade Yorubá, a saber Adé (a coroa), Olu (o senhor), mas também em referência a Oluwa (Deus), Ola (riqueza), Oye (a chefia). Portanto, temos Adebiyi (a coroa gerou isso), Oluṣegun (o senhor é vitorioso), Kolawole (traga a riqueza), Oyeyẹmi (a chefia me convém), Ayọdélé (a alegria chegou em casa).

No entanto, em vez de coroa, Adé também pode significar aquele que vem. É o caso de Adébisi (que passa a aumentar), Adéṣina (que trás a sorte), etc. Outros prefixos como Akin - o bravo, Ọba - governante, Ayọ̀ - alegria, Baba - pai, Ìfẹ́ - amor, Ìbí - nascimento, Ẹni - a pessoa, Ìyá - a mãe ... também são usados.

Em relação aos nomes Yorubá, a lista nunca se esgota, existem nomes Yorubá qualificados como sendo do seu destino, Orukọ àyànmọ́ ou Orukọ amutọrunwa porque algumas crianças vêm com nomes predestinados a elas. É o caso dos gêmeos, o primeiro chama-se Tayé ou Táíwò (o primeiro a chegar e experimentar a vida), enquanto o segundo (conhecido como o mais velho por ter mandado o primeiro a conhecer o mundo) leva o nome de Kẹhindé e significa o último a vir. Uma criança nascida da mesma mãe depois desses gêmeos tem o nome de Ìdòwù, o que vem depois dele se chama Alaba. Um bebê que sai com os pés primeiro em vez da cabeça é chamado de Igé. Uma criança que nasce com o cordão umbilical em volta do pescoço é chamada Ojo ou Aina para menina.

Cada circunstância de nascimento está associada a um nome particular. Quando um bebê nasce após a morte de seu pai, sua mãe, seu avô, sua avó ..., este último leva o nome de babatundé (o pai voltou) ou babatunji (o pai acordou) ou mesmo Iyabo (a mãe voltou). O dia de nascimento da criança também pode resultar em um nome. Também existe nome relacionado a posição da criança por exemplo: primeiro menino (Woru), primeira menina (Yeba).

Uma criança cuja mãe engravidou sem nunca menstruar é Ilori.

A essas origens também se acrescenta o que os filhos representam para seus pais (Orukọ àbísọ). Aqui a escolha é livre. Temos, por exemplo, Moręnikę (descobri quem mimar), Ayọmidé (minha alegria chegou), etc.

Uma criança que nasce depois que seus pais perderam várias gestações ou bebês recém-nascidos é um àbíkú e deve ter um nome específico (Orukọ Oríkì), como Jokojayé (sente-se e aproveite a vida), Málọmọ́ (não vá mais), Ọmọtundé (a criança voltou) etc.

Oriki pode ser um nome poético ou uma poesia inteira e é considerado muito importante na cultura Yorubá porque os Yorùbá acreditam que Oriki e o conhecimento dele têm essência espiritual. Diz-se que uma pessoa que não conhece seu Oriki perde sua essência.

Oriki também carrega consigo uma história que pode descrever os futuros presságios da vida da criança, ou como seu nascimento é visto, ou o que ele significa para seus pais, ou como ele nasceu, etc. O Oriki é chamado para elogiar a criança. Oriki dos homens são diferentes das mulheres.

Os Oriki variam em tamanho; os mais curtos como os mencionados acima são Oriki infantil (Oriki ọmọ), há os mais longos que são Oriki de linhagem inteira (Oriki ẹbi / orilẹ). Os orilẹ são Oriki da família ou da comunidade, mais longos do que o Oriki ọmọ, eles são uma narrativa das conquistas de uma linhagem. Eles são chamados ao elogiar uma criança ou família visando o orgulho do pai, linhagem ou ao tentar evocar traços de caráter virtuoso de bravura, coragem, perseverança que parecem inatos em uma pessoa por causa de seu pedigree. Esses são os elogios de cada família.

Originalmente, os nomes Yorùbá eram dados aos meninos no nono dia de seu nascimento e no sétimo dia para as meninas, mas hoje meninas e meninos são dados normalmente no oitavo dia de nascimento.

3. AWỌN ÌMỌ̀RÀN LATI KẸ́KỌ́ ÈDÈ YORÙBÁ - DICAS PARA APRENDER O YORUBA

A língua Yorùbá é muito interessante, entretanto, há um grau de dificuldade na aprendizagem dependendo de cada pessoa. Para alcançar a compreensão dos textos ou das falas em yorùbá, é importante ter especial atenção ao estudo da fonética das letras e seu uso nas palavras, pois, de acordo com o som produzido na hora da fala, você irá apresentar um sentido ou outro. Isso será mais facilmente compreendido no capítulo a seguir, no qual apresentaremos o alfabeto e a fonética das vogais e consoantes do idioma yorubá.

A tradução do yorùbá para a língua portuguesa ajuda a entender/compreender o sentido certo da frase e, pode, inclusive, ajudar na criação e aumento de um vocabulário da língua yorùbá. Contudo, destacamos que é importante focar o contexto de uso das frases porque em yorùbá palavras iguais podem possuir significados distintos. Assim, uma dica prática a ser adotada pelo aluno iniciante é a elaboração de um caderno anotando o nome em yorùbá com os acentos corretos e o significado da palavra em português, criando um vocabulário e um dicionário pessoal. Isso pode ser feito digitalmente ou mesmo em um caderno físico que irá aumentando com o decorrer do nível de aprendizado do estudante. Se você achar mais confortável, pode elaborar vocabulários temáticos, até mesmo com o uso de imagens. Isto ajuda na fixação do sentido.

Para que o aprendizado se dê de forma efetiva, é importante correlacionar as palavras ao som que produzem. A audição das palavras em yorùbá é fundamental para o aprendizado. Com isso, queremos dizer que é importante: ler, falar e ouvir em yorùbá, como em qualquer outra língua. Hoje em dia, é bastante acessível na internet áudios, como músicas, entrevistas e até mesmo notícias em yorùbá. Como dito anteriormente, a troca intercultural Brasil-África é extremamente viva na atualidade, e, podemos encontrar materiais escritos nesta língua.

A metodologia de ensino que adotaremos será a seguinte: após cada explicação teórica, teremos uma série de exercícios para praticar o que foi aprendido, além de um capítulo somente com textos e exercícios para prática da escrita e vocabulário.

Outra dica preciosa é: não confie nos tradutores online! Por quê? Porque eles não levam em consideração a cultura Yorùbá, ou seja, a tradução em Yorùbá pode ficar fora de contexto, o que pode ser um problema para um nativo entender ou até mesmo você pode cometer uma gafe! Portanto vamos listar alguns canais, sites e livros confiáveis para que você possa praticar, elaborar frases, textos e mesmo traduzir algo em Yorùbá de forma mais confiável:

- ❖ Dicionário Yoruba-Português - Prof. José Beniste - editora Bertrand Brasil
- ❖ Dicionário Português-Yoruba - Prof. José Beniste - editora Bertrand Brasil
- ❖ Àkọ̀gbádùn - Prof. Félix Ayoh'Omidire - editora EDUFBA
- ❖ Yorùbá Lessons with Adérónkẹ́ - canal no You Tube e facebook
- ❖ www.bbc.com/yoruba - canal de notícias da BBC em Yoruba (textos e vídeos)

4. ÌKÀWÉ TI ALIFABẸẸTÌ ATI ÀMI OHÙN IMỌ̀ NINU ÈDÈ YORÙBÁ - O ESTUDO DO ALFABETO E DA FONÉTICA NA LÍNGUA YORUBÁ

Neste capítulo apresentaremos os elementos necessários para a correta pronúncia das palavras na língua yorubá. Primeiramente, é importante conhecer o alfabeto yorubá, você irá perceber que algumas letras do alfabeto português falado no Brasil estão ausentes. Este fato acentua a singularidade desta língua e acentua a relevância de se estudar os fonemas referentes a cada letra, que vem a seguir, incluindo as vogais nasais.

ALIFABẸẸTÌ YORÙBÁ

A B D E Ẹ F G GB H I J L M N
O Ọ P R S Ṣ U W Y

FONÉTICA DO ALFABETO YORUBÁ

a bi di ê é fi gui guibi rri i dji li
mi ni ô ó kpi ri si xi u ui yi

ÀWỌN FÁWẸ̀LÌ - AS VOGAIS NASAIS

AN ẸN IN ỌN UN

Observações importantes

Quando tem o acento agudo (´) em uma vogal o som da sílaba fica tônico"forte".

Quando for o contrário, acento crase (`) o som é simples, "fraco".

Agora é hora de praticar! Leia as palavras abaixo, tendo atenção à pronúncia de cada palavra.

OYIN
Mel/ Abelha
(oín)

EHORO
Coelho
(errôro)

KÌNÌÚN -
Leão
(quiniún)

ẸLẸDẸ̀
Porco
(élédé)

ALÁNTAKÙN Aranha
(alantakún)

OLÓGBÒ
Gato
(ôlôguo)

Continue o exercício de repetição, agora com estas palavras.

Fique atento à forma de pronúncia de cada palavra, de acordo com a fonética apresentada anteriormente.

ỌSÀN-WẸWẸ́
Limão
(óssan uêuê)

IGI - Árvore
(igui)

BÚRẸ́DÌ
Pão
(búrédí)

EWÉ
Folha/Verdura
(êuê)

ALÙBỌSÀ -
Cebola
(alúbossá)

ATA - Pimenta
(atá)

ÀGBÀDO -
Milho
(águádô)

JÍGÍ OJU -
òculos
(djíguí odjú)

Somente praticando, conseguimos melhorar a pronúncia, mais palavras para treinar a pronúncia.

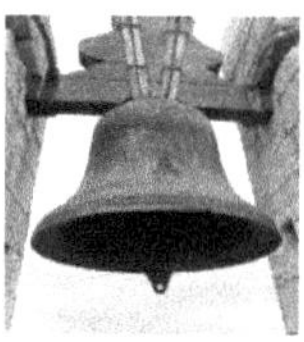

AGOGO -
Sino
(agôgô)

ADÚRÀ -
Oração
(adurá)

ỌKỌ̀ - Carro
(ócó)

ỌLỌPÁ -
Policial
(ólópá)

KẸ̀KẸ - Bicicleta (quéqué)

INÁ Fogo (inã)

ÀPÒ - Bolsa (apqô)

IJÁN Assento (idjã)

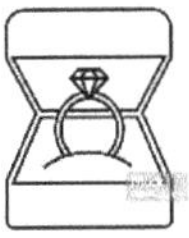

ÒRÙKA - Anel (ôrúcá)

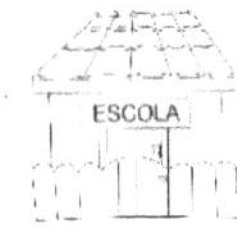

ILÉ-Ẹ̀KỌ́ Escola (ilê écó)

BÀTÀ - Calçado (batá)

IGBÓ Lixo (iguô)

FÌLÀ - Boné, chapéu (filá)

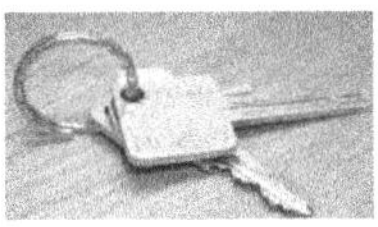

KỌ́KỌ́RỌ́ Chave (cócóró)

5. IKÌNI ATI ÌKALẸ̀ NINU ÈDÈ YORÙBÁ - CUMPRIMENTO E SAUDAÇÃO NA LÍNGUA YORUBA

Para que possamos cumprimentar as pessoas é preciso saber, primeiramente, como os Yoruba dividem o dia. Assim, ficará mais fácil aprendermos as saudações diárias.

As partes do dia	As saudações
ÁÀRỌ̀ – de manhã	KÁÀRỌ̀ – Bom dia
Ọ̀SÁN – à tarde	KÁÀSÁN – Boa tarde
IRỌLẸ́ – entardecer	KÚ IRỌLẸ́ – Bom entardecer
ALẸ́ – à noite	KÁÀLẸ́ – Boa noite
ÓÒRÚ - madrugada	NLẸ́ – Oi / Olá

Observações

A questão da hierarquia na cultura Yoruba faz com que haja diferença entre o jeito de cumprimentar as pessoas mais novas e mais velhas em idade.

Para cumprimentar uma pessoa mais velha ou que seja uma autoridade ou tenha um cargo, é necessário colocar " **Ẹ** " em frente do cumprimento. É um signo de respeito. Vejamos os exemplos:

Ẹ kááro̩ Ẹ kááàsán Ẹ kááàlẹ́

Agora iremos apresentar exemplos de frases usando os cumprimentos na cultura yorubá. Leia-os e pratique a pronúncia.

Ẹ káàrọ̀ baba mi. Bom dia meu pai.

Bawo ni ? Como você está?
Mo wá daadaa Estou ótimo.
Ṣe aláfia ni? Está bem de saúde?
Mo dupẹ Gratidão. (sentido de estar bem, obrigada)

Ṣe o jí dáàdáà? Dormiu bem? (Acordou bem?)
Mo (a) dupẹ. Gratidão. (sentido de sim, dormi)

Ṣe dáàdáà ni? Está tudo bem ?
Mo wà dáadáa, ọpẹ ni fún Ọlọrún. Estou bem graças a Deus.

Ilé nkọ? E sua família?
Iré / Ó wà Tudo bem / Está tudo bem.

Bẹ́ẹ̀ni / Rara. Sim / não.
Ìwọ nkọ? E você?

O ṣéun. Obrigado no singular.

Ẹ Ṣéun. Obrigado à todos ou obrigado à alguma autoridade.

O ṣé púpọ̀ / Ẹ ṣé púpọ̀. Muito obrigado.

Lati kọ èdè kan o jẹ dandan lati ṣe àdáṣe. Nitorinaa jẹ ki a ṣe awọn àdáṣe diẹ. Para aprender uma língua é necessário praticar. Façamos, então, alguns exercícios.

Àdáṣe 1: Ka awọn ọ̀rọ̀ ti o wa ni isalẹ ki o la ilà si awọn ikini.

a) Alabi dé ilé awon arakunrin iya re o ni: E Káàro o.
b) Adebi lọ si oja lati ra eso fun iya rẹ̀, o ni: Ẹ káàsan, . Mo fẹ́ ìwọ̀n manga kan .
c) Ẹ káàsan, baba nla. Ṣe a yoo lọ silé àwọn arakunrin iya mi ni?
d) Ẹ káàlẹ baba. Bawo ni ọjọ rẹ ni ibiṣẹ?
e)Nlẹ Lekan ! Bawo ni ? Ṣe o ní idanwo ni ilé-ìwé loni?

1. Leia os textos abaixo e subli os cumprimentos.

a) Alabi chegou na casa de seu e disse: Bom dia.
b) Adebi vai ao mercado comp frutas para sua mãe, ele diz: Bo tarde, senhor. Gostaria de 1kg manga.
c) Boa tarde, avô. Vamos à cas meus tios?
d) Boa noite, pai. Como foi seu no trabalho?
e) Oi Lekan! Tudo bem? Hoje prova na escola?

Àdáṣe 2: Pari awọn gbolohun ọ̀rọ̀ pẹlu ikini to yẹ

a) Ni alẹ, Mo nsọ

____

b) Ni ọsan, Mo nsọ

____

2.Complete as frases com cumprimento correto.

a) À noite, eu falo

____

b) À tarde, eu falo

____

c) Ni aṣalẹ, Mo nsọ	c) À tardinha, eu falo
______________	____________
d) Ni owurọ, Mo nsọ	d) Pela manhã, eu digo
_____________	___________
e) Ti mo ba pade ọrẹ mi kan ni owurọ, Mi yoo sọ	e) Se eu encontro um amigo meu dc manhã, eu digo
___________________	________________
f) Ti mo ba lọ si ilé awọn obi obi mi ni alẹ, mi yoo sọ:	f) Se eu for à casa dos meus avôs à noite, eu direi:
_________________	_____________________
g) Ti mo ba lọ si eti okun pẹlu awọn ibatan mi, ni owurọ, mi yoo sọ:	g) Se eu for à praia com meus primos, pela manhã, eu digo:
______________________	____________
h) Lekan ni orukọ mi, ọmọ ọdun mẹtala ni mi, bi mo ba dé ilé oníwọsàn, ni ọsan, mi yoo sọ:	h) Meu nome é Lekan, tenho 13 anos, quando eu chego no médico, à tarde, eu digo:
______________________	_____________________

Adaṣé 3: Dahun ibéré naa: Nitori kini awọn Yorùbá ma nlo Ẹ nigba ti wọn ba nki eniyan? Responda a pergunta: Por que quando cumprimentam os yorubás usam o "Ẹ"?

____

____

____

____

____

Adaṣé 4: Ka awọn ibaraenisọ̀rọ̀ ni isalẹ ki o samisi awọn ikini.

Leia os diálogos abaixo e marque as saudações.

a) Lekan: Bawo ni ? Como você está?

Adenike: Mo wà dáadáa, ọpẹ ni fún Ọlọrún. Eu estou bem, graças a Deus.

b) A: Ṣe aláfia ni? Está bem de saúde?

L: Mo dupẹ. Sim, obrigada por perguntar.

c)Lekan: Bawo ni ? Como você está?

Adenike: Mo wà dáadáa, ọpẹ ni fun Ọlọrún, ilé nkọ? Eu estou bem graças a Deus, e a sua família?

L: Iré. Estão ótimos.

d) L: Ṣé o jí dáàdáà? Você acordou bem?

A: Mo (a) dupẹ. Sim, obrigada por perguntar.

e) L: Ṣé dáàdáà ni? Você está bem?

A: Mo wà dáadáa, ọpẹ ni fun Ọlọrún. Eu estou bem, graças a Deus.

Adaṣé 5: Ni bayi, igba rẹ́ ni, gbiyanju lati ṣe awọn ibaraenisọ̀rọ̀ kekere. Agora é sua vez, tente escrever pequenos diálogos.

Àdáṣe 6: Ka awọn ibaraenisọ̀rọ̀ isalẹ ki o samisi awọn gbolohun ọ̀rọ̀ ti idaniloju ati ti ọpẹ. Leia os diálogos abaixo e marque as expressões afirmativas e de agradecimento.

a) A: Bawo ni Lekan?

L :Mo wá daadaa, iwọ nkọ?

A: Ire. Loni mi yoo lọ si ọja, njẹ o fẹ́ ki nra nkankan fun iya rẹ?

L: Bẹẹni. Iyá mi fẹ́ ẹwa, ati irẹsi. O ṣe púpọ̀.

b) Lekan: Nlẹ́ Ayọbamide! Bawo ni?

A: Mo wa daadaa, ilé nkọ?

L: Iré. Njẹ a yoo ni kilasi Portugisi loni?

A: Rara. Loni a yoo ni kilasi ìsírò.

Adaṣé 7: So àwọn ọ̀rọ̀ po. Correlacione as palavras.

1 - Bẹẹni / rara ( ) Obrigado no singular

2 - Ìwọ nkọ? ( ) Muito obrigado

3 - O ṣéun ( ) Sim / não

4 - Ẹ ṣéun ( ) E você?

5 - O ṣe púpọ̀ / Ẹ ṣe púpọ̀ ( ) Obrigado no plural

Adaṣé 8: Kini iyatọ laarin O ṣéun ati Ẹ ṣéun? Qual é a diferença entre Obrigado e Obrigado?

____

____

____

____

A língua Yorùbá tem expressões que se usam para cumprimentar em algumas situações particulares.

Ẹ káàbọ̀ ! Bem vindo **A kú irin ajo!** Boa viagem

O dàárọ̀ ! Até amanhã **A kú ipari ọ̀sẹ̀** Bom final de semana

O dàbọ̀ ! Tchau **O di ìgbà !** Até mais

Ku ìsinmi ! Bom descanso/ Boas férias

A kú àìsùn ! Boa virada (se referindo à pessoa que ficará a noite toda acordada)

A kú ọ̀nà ! Boa viagem! **Ọ̀sẹ̀ iré !** Tenha ótima semana

Àdáṣe 9: Nigbawo ni mo gbọdọ lo iran gbolohun kan ni? Quando devo usar determinada expressão?

a) Nigbati ẹnikan ba ti ṣe iṣẹ nla kan	Quando alguém realizou um ótimo trabalho
______________________	______________________
b) Nigbati ẹnikan ba fe rin irin ajo	Quando alguém vai fazer uma viagem
______________________	______________________
c) Nigbati ẹnikan ba bẹrẹ ọsẹ	Quando alguém está começando a semana
______________________	______________________
d) Nigbati ẹ ba gba alejo	Quando receber convidados
______________________	______________________
e) Nigbati ọsẹ ba n pari	Quando a semana está terminando
______________________	______________________
f) Nigbati odun ba n pari	Quando o ano está terminando
______________________	______________________ ________.
g) Nigbati o nlo isinmi	Quando está entrando de férias ou é um feriado
______________________	______________________
h) Nigbati o ba ndagbéré, kini awọn aṣayan rẹ yoo jẹ	Quando está se despedindo, quais seriam as opções.
______________________	______________________

6. AWỌN ARỌ́PÒ ORÚKỌ ATI AWỌN ÌṢE - PRONOMES E PROFISSÕES

6.1. AWỌN ARỌ́PÒ ORUKỌ ARA ẸNIYAN - OS PRONOMES PESSOAIS

MO	↣	Eu
O	↣	Você
Ó	↣	Ele / Ela
A	↣	Nós
Ẹ	↣	Vocês
WỌN	↣	Eles / Elas

Àpẹẹrẹ - exemplo:

A nlọ si ilé.	Nós vamos para casa.
Mo nsọ yorubá.	Eu estou falando yoruba.
Wọn nṣeré.	Eles estão brincando.
Ó njẹun.	Você está comendo.

6.2. AWỌN ARỌ́PÒ ORUKỌ ARA ẸNIYAN PẸLU AGBARA ÀMI OHUN - OS PRONOMES PESSOAIS TÔNICOS

Esses pronomes têm os mesmos significados que os precedentes. A diferença é que eles são reflexivos e são mais usados para a identificação.

EMI	↣	Eu
IWỌ	↣	Você
ÒUN	↣	Ele/Ela
ÀWA	↣	Nós
ẸYIN	↣	Vocês
ÀWỌN	↣	Eles/ Elas

Para facilitar o entendimento, iremos apresentar alguns exemplos do uso do pronome pessoal tônico.

Emi, Glaucia.	Eu, Glaucia.
Emi ati iwọ.	Eu e você.
Emi ni.	Sou eu.
Ṣe iwọ lo gbé owo mi?	Foi você quem pegou meu dinheiro?
Rara, emi kọ.	Não, não sou eu.
Emi ni onilé.	Eu sou o dono da casa.
Àwa ni ọmọ ọba.	Nós somos filho/as do/a governante.

6.3 - AWỌN ARỌ́PÒ ORUKỌ TI NFI NKANKAN HAN - PRONOMES DEMONSTRATIVOS

Os pronomes demonstrativos, como a própria denominação assinala, são utilizados para indicar determinados objetos ou lugares e geralmente acompanham os substantivos ou são utilizados como referenciais.

EYI / ELEYI	Este, Esta
EYẸN / ELEYẸN	Aquele, Aquela
AWỌN EYI / AWỌN ELEYI	Esses, Essas
AWỌN EYẸN / AWỌN ELEYẸN	Aqueles, Aquelas

Àpẹẹrẹ - exemplo:

Ọmọ eyi.	Esta criança.
Ilé eyẹn.	Aquela casa.
Mo fẹ eleyi.	Eu quero este.
Awọn ọmọ eyi.	Essas crianças.
Awọn iwé eyẹn.	Esses livros.

Observação

No plural o objeto indicado tem que ficar entre AWỌN e EYI ou EYẸN.

Awọn .... eyi

Awọn .... eyẹn

Àdáṣe 1: Parí pẹlu awọn arọpọ̀ orúkọ afihan ti o tọ́.

Complete com os pronomes demonstrativos corretos.

1- Má fi ọwọ kan ohun ọgbin_____________. Não mexa naquela planta.

2- Bojuto aworan to lẹwa __________ fun mi! Cuide desta foto linda para mim!

3- Talo nì _______________ nkan __________ lori ilẹ? De quem são essas coisas no chão?

4- Ni igba ooru ______________, a yoo lọ si Ilú Rio de Janeiro fun ọjọ diẹ. Neste verão, iremos ao Rio de Janeiro por alguns dias.

5-______________ ọmọ ________ ndàgbà. Essas crianças estão crescendo

6- Mo nrò pé _______________ ọmọ __________ njẹ iyà. Eu acho que aquelas crianças estão sofrendo.

7- Kini orukọ ọkunrin ____________ ti o sọro rẹ fun mi? Qual o nome daquele homem que você me falou?

8- A gbọdọ da __________ ododo ________nu, wọn ti gbẹ. Precisamos jogar essas flores fora, elas estão secas.

9- _________ ni wọn fẹ́tabi ___________? Elas querem isso ou aquilo?

10- Mo fẹran kẹkẹ ___________ ti nlọ. Eu gosto dessa bicicleta que está indo.

6.4 - AWỌN ARỌ́PÒ ORUKỌ TI Ó INÍ - PRONOMES POSSESSIVOS

Na língua Yorubá encontramos dois tipos de pronomes possessivos: os simples e os que dão ênfase na frase, usados para perguntas curtas.

Vejamos os simples:

MI	meu
RẸ	seu, sua
RẸ̀	dele, dela
WA	nosso
YIN / ẸYIN	de vocês
WỌN	deles, delas

Àpẹẹrẹ - exemplo:
Bàbá wa nsún. Nosso pai está dormindo.

Àdáṣe 2: Parí pẹlu awọn arọpò orúkọ ti o tọ́. Complete com o pronome correto.

1- Baba rẹ ní ọkọ ayọkẹlẹ kan. Ọkọ ayọkẹlẹ________ ni. Seu pai tem um carro. É o carro dele.
2- A ṣe adaṣé______ ki a to lọ ṣéré. Nós fizemos nossos deveres antes de ir brincar.
3- Ṣe ilé yin ni ? Bẹẹni, ilé _______ni. É a casa de vocês? Sim é nossa casa.
4- Mo ní awọn bàtà dudu. Awọn bàtà ________ni. Tenho calçados pretos. São meus sapatos.
5- Gbogbo wa ní awọn ikọwé pupa. Awọn ikọwé_______ ni.Todos nós temos uma caneta preta. São nossas canetas.

6- Wọn ní iwé itumọ meji. Awọn iwé itumọ _______ ni. Eles têm 2 dicionários. São os dicionários deles.

7- Mo ní arakùnrin meji. Awọn arakùnrin ________ ni wọn.Tenho 2 irmãos. Eles são meus irmãos.

8- Ó ní filá funfun kan. Fìlà ________ni. Ele tem um chapéu branco. É o chapéu dele.

9- Ẹ ní kẹ̀kẹ́ kan. Kẹ̀kẹ́_________ ni. Vocês têm uma bicicleta. É a bicicleta de vocês.

10- Ó ní ọrẹ kan. Ọrẹ_______ni. Ele tem um amigo. É o amigo dele.

Vejamos agora os pronomes possessivos enfáticos:

TEMI	meu	AWỌN TEMI	meus
TIRẸ	seu, sua	AWỌN TIRẸ	seus, suas
TIRẸ̀	dele, dela	AWỌN TIRẸ̀	deles, delas
TIWA	nosso	AWỌN TIWA	nossos
TIYIN / TẸYIN	de vocês	AWỌN TIYIN / AWỌN TẸYIN	de vocês
TIWỌN	deles,delas	AWỌN TIWỌN	deles,delas

Àpẹẹrẹ - exemplo:

-Arabinrin mi niyi. Essa é a minha irmã

-Tirẹ nkọ ? E a sua?

Àdáṣe 3: Parí pẹlu awọn arọpò orúkọ ti o tọ́. Complete com o pronome correto.

1- Awọn arakùnrin mi nṣéré ninú ọgba. Ibo ni_____________wà? Meus irmãos estão trabalhando no jardim. Onde estão os seus?

2- Ṣe o lé yá mi ni ikọwé rẹ ? Mo sọ__________nu. Pode me emprestar a sua caneta? Eu perdi a minha.

3- Mo fẹran ilú rẹ ṣugbọn mo fẹran_________ julọ. Eu amo seu país mas eu prefiro o meu.

4- Mo fọ ọkọ ayọkẹlẹ mi ati pé Aṣabi naa fọ _________. Eu lavei meu carro e Aṣabi também lavou o dele.

5- A ṣe ayẹwo awọn ẹkọ wa. Njẹ o ti ṣe ayẹwo_________________? Nós revisamos nossas lições. Você já revisou as suas?

6- Awọn ọmọ rẹ ma ngbọran dáràdárà ṣugbọn___________________rara. Seus filhos são muito doces mas os meus não.

7- Ilé wa ní awọn ìyàrá mẹfa.___________ nkọ? Nossa casa tem 6 quartos. E o de vocês?

ÀWỌN IṢẸ́ - PROFISSÕES

Hoje em dia é importante discutir as profissões do futuro. Em um mundo impregnado pelas novas tecnologias, há uma crescente tensão sobre as profissões no futuro e outras que irão desaparecer. No início do século XX, com o desenvolvimento das comunicações, a profissão de telefonista e também a de telégrafo que eram responsáveis por fazer a conexão das chamadas manualmente desapareceram na década de 1960 pois as conexões passaram a ser diretas pelo telefone. Mudanças são inevitáveis, mas devemos sempre nos preparar para o que está por vir, sabendo que existem alguns ofícios que não irão desaparecer ou talvez apenas se adaptarão às novas necessidades.

Vamos conhecer algumas profissões na língua yorubá.

ẸLẸ́RAN – AÇOUGUEIRO/A

ONÍ ÌMỌ̀ ẸLẸ́DÁ ẸNIYAN – ANTROPÓLOGO/A

AGBẸJỌ́RỌ̀ – ADVOGADO/A

ÌFẸ̀HÌTÌ - APOSENTADO/A

ÒṢIRÉ'BINRIN/ ÒṢIRÉ'KUNRIN - ATRIZ/ATOR

ONÍFÁRI - BARBEIRO

ONÍDIRI – CABELEIREIRO/A

AKỌRIN - CANTOR/A

ONÍṢÍRÓ – CONTADOR/A

ALÁGBÀTÀ – CORRETOR/A

ONÍSÈ - COZINHEIRO/A

ONÍWOSAN EHÍN - DENTISTA

OLÚDARI – DIRETOR/A

ÌYÁ ONÍLÉ - DONA DE CASA

NỌ́Ọ̀SI - ENFERMEIRA/O

ẸLẸKỌ́ - ENGENHEIRO/A

ÒṢIṢẸ́ IJOBÁ – FUNCIONÁRIO/A PÚBLICO

ÉLÉÉKÁNA - MANICURE

ONÍWỌSÀN – MÉDICO/A

ONÍṢÉGÙN – MÉDICO/A TRADICIONAL

ỌLỌ́PÁ – POLICIAL

OLÙKỌ́ - PROFESSOR/A

AWÒRÒ - SACERDOTE

ÒṢIṢẸ́ – TRABALHADOR/A

OLÙTÀ - VENDEDOR/A

ONÍṢỌ́ - VIGIA

Awọn iṣẹ́	As profissões
Nlẹ́! Ẹ ti mọ mi tẹlẹ, orukọ mi ni Lekan. Loni, mi yoo sọrọ nipa àwọn iṣẹ́ ninu idilẹ mi. Baba nlá mi jẹ oníṣégùn pataki ni ẹya mi. Orukọ rẹ ni Bamidelé. Babalawo nlá ni. O tọju gbogbo eniyan ninu idilẹ mi ati pẹlu awọn miiran ti o nilo rẹ, boya awọn aladugbo, awọn ọrẹ tabi alejò. Bàbá mi kò tẹ̀lé ọ̀nà yẹn, bẹ́ẹ̀ sì ni ẹ̀gbọ́n baba mi kò tẹ̀lé. Orukọ baba mi Oluwaṣeun. Bàbá mi ni ile itaja kan ni ọja. O nta awọn ododo. Oṣiṣẹ́ ilu ni ẹ̀gbọ́n baba mi. Iyá mi jẹ olukọ fun awọn ọmọde ni abule. Orúkọ rẹ jẹ Olufẹmi. Ati aburo mi arabinrin nṣiṣẹ bi éléékána. Orukọ rẹ jẹ Abiodun.	Olá! Vocês já me conhecem, meu nome é Lekan. Hoje eu vou falar sobre as profissões na minha família. O meu avô é um grande médico na minha tribo. O nome dele é Bamidelé. Ele é um grande babalawo. Ele cuida de todas as pessoas da minha família e também de outras que precisem, sejam: vizinhos, amigos ou desconhecidos. O meu pai não seguiu esse caminho e o meu tio também não. O nome do meu pai é Oluwaṣeun. O meu pai é dono de uma loja no mercado. Ele vende flores. O meu tio é funcionário público. A minha mãe é professora das crianças na vila. O nome

	dela é Olufẹmi. E a minha irmã mais nova trabalha como manicure. O nome dela é Abiodun.

Àdáṣe 4: Dahun awọn ibere. Responda as perguntas.

a) Kini iṣẹ́ rẹ? a) Qual é a sua profissão?

____

____

b) Kini iṣẹ́ baba rẹ? b) Qual é a profissão do seu pai?

____

____

c) Kini iṣẹ́ iya rẹ? c) Qual é a profissão da sua mãe?

____

____

Àdáṣe 5: So awọn orukọ ìṣe po ma awọn aworan toyẹ . Correlacione as profissões.

(A) 	( ) **ỌLỌ́PÁ** – POLICIAL

 (B)	( )**OLÚDARI -** DIRETOR
 (C)	( ) **Ọ̀ṢIṢẸ́ IJOBÁ -** FUNCIONÁRIO PÚBLICO
 (D)	( ) **ÉLÉÉKÁNA -** MANICURE
 (E)	( ) **NỌ́Ọ̀SI -** ENFERMEIRA/O
 (F)	( ) **AWÒRÒ** - SACERDOTE
 (G)	( ) **ẸLẸKỌ́ –** ENGENHEIRO
 (H)	( ) **Ọ̀ṢIṢẸ́ –** TRABALHADOR
 (I)	( ) **ÌYÁ ONÍLÉ -** DONA DE CASA

 (J)	( ) **ONÍWỌSÀN** – MÉDICO
 (K)	( ) **OLÙKỌ́** - PROFESSOR/A
 (L)	( ) **ONÍṢÉGÙN** - MÉDICO TRADICIONAL
 (M)	( ) **ONÍṢỌ́** – VIGIA
 (N)	( ) **OLÙTÀ** - VENDEDOR/A

7 - ÀWỌN ỌRỌ̀ ÌṢE - VERBOS

Na língua Yorùbá os verbos não sofrem alteração na forma conjugada e também junto aos pronomes, por isso é preciso prestar muita atenção aos complementos porque eles é que vão demonstrar se um verbo está no presente, passado ou futuro.

7.1 -ÌGBÀ ISIN - PRESENTE / GERÚNDIO

A forma do presente na língua Yoruba, no sentido do nosso gerúndio da língua portuguesa, é feito da forma a seguir:

Sujeito + N + verbo + complemento

Observação

A letra N pode ficar junto ao verbo ou separado.

Àpẹẹrẹ - exemplo: Mo nlọ́si ilé-iwé. ou Mo n lọ́si ilé-iwé. Eu vou para escola.

OU Eu estou indo para a escola. (neste momento)

Vejamos alguns verbos conjugados no presente/gerúndio

RÍ - ver
Mo nrí Eu vejo
O nrí Você vê
Ó nrí Ele/ela vê
A nrí Nós vemos
Ẹ nrí Vocês vêem
Wọn nrí Eles/elas vêem

YÉ - entender - se conjuga somente na terceira pessoa do singular
Ó yé mi Eu entendo
Ó yé ẹ Você entende
Ó yé Ele entende
Ó yé wa Nós entendemos
Ó yé yin Vocês entendem
Ó yé won Eles entendem

ṢIṢẸ́ - trabalhar

Mo nṣiṣẹ́ Eu trabalho
O nṣiṣẹ́ Você trabalha
Ó nṣiṣẹ́ Ele/a trabalha
A nṣiṣẹ́ Nós trabalhamos
Ẹ nṣiṣẹ́ Vocês trabalham
Won nṣiṣẹ́ Eles/as trabalham

RONÚ - pensar

Mo nronú Eu penso
O nronú Você pensa
Ó nronú Ele/a pensa
A nronú Nós pensamos
Ẹ nronú Vocês pensam
Wọn nronú Eles pensam

REPARE QUE A CONJUGAÇÃO DOS VERBOS É A MESMA PARA TODOS OS PRONOMES!

Àdáṣe 1: Pari lati ara àlàyé ti a ri lókè. Complete seguindo a explicação acima

VERBO SỌ̀RỌ̀ -falar Mo _________ Eu falo O ___________Você fala Ó ___________Ele/a fala A ________Nós falamos Ẹ _________ Vocês falam Wọn _____Eles/as falam	VERBO ṢE - fazer Mo _________ Eu faço O _________ Você faz Ó ___________Ele/a faz A _________Nós fazemos Ẹ ___________Vocês fazem Wọn ______Eles/as fazem
VERBO SÉ - cozinhar Mo ________Eu cozinho	VERBO FẸ́ – amar Mo _________ Eu amo

O _______ Você cozinha	O ____________ Você ama
Ó _____ Ele/a cozinha	Ó ___________ Ele/a ama
A ___ Nós cozinhamos	A _________ Nós amamos
Ẹ_______ Vocês cozinham	Ẹ ___________ Vocês amam
Wọn__ Eles/as cozinham	Wọn ______ Eles/as amam

7.2 - ÌGBÀ TI Ó KỌJA - PASSADO

Sujeito + TI + verbo + complemento

TI literalmente quer dizer JÁ em yoruba para expressar o que aconteceu no passado, mas não é obrigatória na frase no passado.

Àpẹẹrẹ - exemplo:
Mo ti rí ẹ lánà. Eu te vi ontem.

-Ṣé o ti jẹun ni? Você já comeu?
-Bẹ̀ẹ̀ni, mo ti jẹun. Sim, já comi. OU Bẹ̀ẹ̀ni, mo jẹun.

Àdáṣe 2: Fi awọn gbolohun ọ̀rọ̀ si ìgbà ti o ti kọja. Coloque as frases no passado.

1- Mo nkọ iwé pẹlú ikọwé. Eu escrevo com a caneta
2- Ó nfẹ́ràn ilé naa. Ela gosta da casa

3- Ó nfún ní owo. Ele lhe dá dinheiro
4- Mo nṣéré ninú ọgbá. Eu brinco no jardim
5- A nkà ìwé. Nós estudamos
6- Ọrọ mi nyé ẹ. Você me entende
7- Wọn ní ologbo kan. Eles têm um gato
8- O nmọ ọrẹ́ mi. Você conhece meu amigo
9- Á rò npé Súpániṣi rọrùn ni. Nós achamos que espanhol é fácil
10- Ẹ nṣiṣẹ́ nibi. Vocês trabalham aqui

Àdáṣe 3: Kọ awọn gbolohun ọ̀rọ̀ si èdè Yoruba gẹgẹ bi itumọ wọn. Escreva as frases em Yoruba de acordo com a tradução.

FỌ̀ -lavar

1. A ìyáwó já lavou a roupa de santo.

2.Ela está lavando as mãos.

JẸ - comer

3. Nós não comemos pimenta.

4. Ele não gosta de comer con fria.

FẸRÀN- gostar

5. Eu não gosto de carne.

6.Eles gostam de dançar e cantar

RÀ- comprar

7.Eu compro feijão todo mês.

8.Nós já compramos flores] Ọṣun.

cantar- KỌ; carne - ẸRAN; comida fria - OUNJẸ TUTU; dançar - JÒ; de (antes de verbo) - LÁTI; de (ligar substantivos) - ATI ; feijão - ẸWA; flor - ODODO; mãos - ỌWỌ́; mês - ÒṢÙ; pimenta - ATA; roupa de santo - AṢỌ ÒRÌṢÀ

7.3 - ÌGBÀ ỌJỌ IWÁJÚ - FUTURO

Sujeito + YOO + verbo + complemento

Àpẹẹrẹ - exemplo:

Mi yoo lọ si ilé-iwé. Eu vou para a escola.

Observação: No futuro não usamos o pronome MO (eu), usamos MI

Adaṣé 4: Fi awọn gbolohun ọ̀rọ̀ si igbà ọjọ iwajú. Coloque as frases no futuro.

1- Mo (padé) rẹ loni. Eu encontro você hoje.

2- Ni ọjọ aíku a (lọ̀) si ilé iya-iya wa. No domingo nós vamos na casa da nossa avó materna.

3- Ti o ba ti ní ọdún méjidinlogun o (ní) anfani lati wakọ bi arabinrin rẹ. Quando você fizer 18 anos você vai poder dirigir como sua irmã.

4- A (mù) tii. Nós bebemos chá.

5- A (duro) ni ọjọ kan fikún. Nós esperamos mais um dia

6- Alabi ati Adúbi (sé) ounjẹ. Alabi e Adúbi fazem a comida.

7- Ṣé ẹ (wá) ni ipari ọsẹ ti nbọ? Vocês vèm no fim de semana que vem?

8- Ṣé a (padé) lọlá ni? Nós vamos nos encontrar amanhã?

9- Ni ọdún ti nbọ wọn (lọ̀) si Africa. No ano que vem eles vão à África.

10- Oju ọjọ (dara) ni igba ooru yi… O tempo ficará bom neste verão.

7.4 - IPÁṢẸ́ - IMPERATIVO

Imperativo é um modo verbal usado para dar uma ordem ou conselho a uma ou mais pessoas. O imperativo só é combinado com as seguintes pessoas: a 2ª pessoa do singular (O, IWỌ) e plural (Ẹ, ẸYIN).

A frase imperativa começa por um verbo seguido do complemento que constitui o resto da frase.

Àpẹẹrẹ - exemplo:

Wá jẹ́ ounjẹ ọsán pẹlu mi. Venha almoçar comigo.
Ẹ wá joko si ibi. Venha sentar aqui.

7.5 - Ẹ̀KỌ̀ TI Ọ̀RỌ̀-ÌṢE PÀTÀKÌ - ESTUDO DE ALGUNS VERBOS IMPORTANTES

Ká - ler, **Kọ** - escrever, **Kọ́** - estudar

Na conjugação desses verbos é preciso completar com "iwé" (livro, caderno) quando não se especifica o que está lendo, escrevendo ou estudando. E quando se especifica, em vez de completar com iwé, é preciso completar com o que está lendo, escrevendo ou estudando, por exemplo matéria, livro, etc.

Àpẹẹrẹ - exemplo:

Ká iwé ou kawé Ler

Caso precise especificar: Ká itán Ler história
Kọ iwé ou kọwé Escrever
Kọ yorubá Escrever (em) yorubá
Kọ́ iwé ou kọ́wé Estudar
Kọ́ èdè gẹẹsi Aprender inglês

Adaṣé 5: Parí lati ara àlàyé ti a ri lókè. Complete seguindo a explicação acima

a) VERBO LER

Mo	nkàwé	Eu leio
O	___________	Você lê
Ó	nkàwé	Ele/ela lê
A	___________	Nós lemos
Ẹ	___________	Vocês lêem
Wọn	___________	Eles/elas lêem

b) VERBO ESCREVER

Mo	____________	Eu escrevo
O	nkọwé	Você escreve
Ó	____________	Ele/ela escreve
A	____________	Nós escrevemos
Ẹ	____________	Vocês escrevem
Wọn	nkọwé	Eles/elas escrevem

c) VERBO ESTUDAR

Mo	nkọ́wé	Eu estudo
O	____________	Você estuda
Ó	____________	Ele/ela estuda

A ____________ Nós estudamos

Ẹ ____________ Vocês estudam

Wọn ____________ Eles/elas estudam

Wà - estar ; **Jẹ́** - ser ; **Ní** - ter

Wà (estar)	**Jẹ́ (Ser)**	**Ní (Ter)**
Mo wà	Mo jẹ́	Mo ní
O wà	O jẹ́	O ní
Ó wà	Ó jẹ́	Ó ní
A wà	A jẹ́	A ní
Ẹ wà	Ẹ jẹ́	Ẹ ní
Wọn wà	Wọn jẹ́	Wọn ní

Àwọn àpẹẹrẹ - exemplos:

A wà dáàdáà.

Nós estamos bem.

Mo wà pẹlu iyá mi.

Eu estou com minha mãe.

A wà ni ilé.

Nós estamos em casa

A jẹ́akẹkọ.

Nós somos estudantes.

Wọn jẹ́olododo.

Eles são verdadeiros.

Mo jẹ́olúkọ.

Eu sou professor.

Mo ní ọdún 24.

Eu tenho 24 anos.

A ní ọgba nlá.

Nós temos um grande jardim.

Adaṣé 6: Pari pẹlu àwọn arọ̀pò orúkọ ara ẹni o yẹ. Complete com o pronome pessoal correto

1._____ jẹ́agbẹjọro.	Eu sou advogado.
2._____ saisan.	Você está doente.
3._____ ni aja meji.	Ele tem dois cachorros.
4._____ ati Lekan je omo ilé iwé.	Eu e Lekan somos estudantes.
5._____ jọ ń kẹ́kọ̀ọ́.	Vocês estão estudando juntos.
6._____ wa ninu isinmi.	Eles estão de férias.

Adaṣé 7: Kọ awọn arọpò orúkọ ara ẹni. Escreva os pronomes pessoais

Adaṣé 8: Kọ awọn gbolohun ọrọ mẹta pẹlu àwọn ọrọ-iṣẹ WÀ, NÍ ati JẸ́. Escreva três frases usando o verbo WÀ, NÍ e JẸ́

Adaṣé 9: Escreva os pronomes pessoais tônicos

Adaṣé 10: Lalà si àwọn arọ́pò orúkọ ara ẹni àti àwọn arọ́pò orúkọ ara ẹni tí a tẹnu mọ́. Sublinhe os pronomes pessoais e os pronomes pessoais tônicos

a) Nigbawo ni o lọ si eti okun?	a) Quando você vai à praia?
b) Emi? Mi ko mọ igbawo. Baba mi fẹ lati lọ ni ipari osẹ.	b) Eu? Eu não sei quando. O meu pai quer ir no fim de semana.
c) Ṣe arakunrin rẹ wà daadaa ni? bẹẹni, loni o lulu fun wa, ọla a yoo lulu	c) O seu irmão está bem? sim, hoje ele toca para nós, amanhã nós tocamos
d) Emi ati Ayobamide nlo si sinima, lola won yoo lo.	d) Eu e Ayobamide vamos ao cinema, amanhã eles vão.
e) Patricia ati Marcos jẹ ọlọgbọn, ṣugbọn wọn ko ṣise daradara ninu idanwo naa.	e) Patricia e Marcos são inteligentes, mas não foram bem na prova.
f) Mo wà daadaa iwo nko?	f) Eu estou bem e você?

ALGUNS VERBOS MUITO USADOS NA LÍNGUA YORUBÁ

BẸ̀RÙ	ter medo	**PÈ**	chamar
DÁHÙN	responder	**RẸRÌN**	sorrir
DARÓGBÓ	envelhecer	**RÍ**	Ver
DÙBÚLẸ̀	deitar	**RÍN**	Rir
DÚRÓ	parar, esperar	**RÌN**	andar

FẸRAN	gostar	**RÒ**	Pensar
FÚN	Dar	**RONÚ**	Pensar
GBÁ	limpar	**SAN**	Pagar
GBÀ	receber	**SÁRÉ**	Correr
GBÁLẸ̀	varrer	**SÈ**	cozinhar
GBE	pegar	**SỌ̀RỌ̀**	Falar
GBÉ	ficar, morar	**SÙN**	Dormir
GÉ	cortar	**ṢE**	Fazer
JAYÉ	viver bem	**ṢÉRÉ**	brincar
JÍ	acordar	**ṢÍ**	Abrir
KÁ	ler	**ṢIṢẸ́**	trabalhar
KỌ	escrever	**TÀN**	Acabar
KỌ́	estudar	**TÌ**	Fechar
LỌ	Ir	**WÁ**	Vir
MỌ	saber	**WẸ̀**	tomar banho
MÚ	pegar	**WÒ**	olhar, assistir
MÚRA	se vestir	**YÀ**	Virar
NÍ	ter	**YÁ**	emprestar
NÍFẸ́	amar	**YÉ**	entender
PALẸ̀MỌ́	guardar coisas	**YỌ̀**	ser feliz

8. AWỌN NKAN ILÉ IDANA ATI AWỌN ÒRÒ-ÌṢE JẸ - JẸUN - OS UTENSÍLIOS DA COZINHA E O VERBOS JẸ - JẸUN

8.1 - AWỌN NKAN ILÉ IDANA- UTENSÍLIOS DE COZINHA

Uma boa comida necessita de bons materiais para ser preparada: panelas, colheres, fogão, etc, que compõem esse universo mágico: a produção de alimentos. Por isso, é importante conhecermos os nomes desses objetos na língua yorubá.

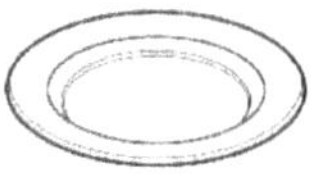

AWÓ – PRATO

ṢIBI - COLHER

ORITA – GARFO

ỌBẸ - FACA

ṢIBI ỌBẸ̀ - CONCHA

ABỌ / IKÉ - BACIA

IKOKO – PANELA

IFÉ - COPO

ÌGÒ - GARRAFA

ÈRỌ ÌDÁNÁ - FOGÃO

ÈRỌ AMOHUN TÙTÚ - GELADEIRA

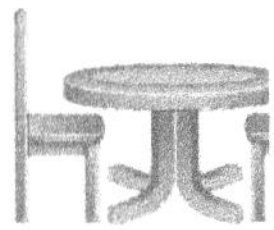

TÁBÌLÌ ATI AGA - MESA E CADEIRA

Adaṣé 1: Wo aworan isalẹ ki o kọ orukọ awọn ohun elo ibi idana ounjẹ naa. Veja a imagem abaixo e escreva o nome dos utensílios da cozinha.

a)

Adaṣé 2: Pari awọn gbolohun ọrọ. Complete as frases.

a) Lati jẹun, mo nlo

____.

Para eu comer, eu uso ...

b) Lati joko, mo nlo

____.

Para eu sentar, eu uso ...

c) Lati mu nkan, mo nlo

____.

Para eu beber, eu uso ...

d) Lati ge nkan, mo nlo

____.

Para eu cortar, eu uso ...

e) Lati se ounjẹ, mo nlo

____.

Para eu cozinhar, eu uso...

8.2 - AWỌN OUNJẸ - REFEIÇÕES

Ounjẹ áàrọ	**Café da manhã**
Ounjẹ ọsán	**Almoço**
Ounjẹ alẹ́	**Janta**
Ìpanu	**Lanche**

Vejamos, então, as expressões sobre alimentação na língua Yorùbá:

Ni agogo mejọ áàrọ mo njẹ ounjẹ áàrọ. Às 8 horas da manhã eu tomo café da manhã.

Ni agogo mejila ọsán mo njẹ ounjẹ ọ̀sán. Às 12 horas da tarde eu almoço.

Ni agogo mejọ alẹ́ mo njẹ ounjẹ alẹ́. Às 8 horas da noite eu janto.

Adaṣé 3: Wo awọn aworan ni isalẹ ki o kọ ounjẹ to tọ. Veja as imagens abaixo e escreva qual é a refeição correta.

a)

b)

c)

d)

Adaṣé 4: So awọn ounjẹ pọ pẹlu aworan. Correlacione a comida com a imagem.

(A) Ounjẹ áàrọ ( ) 

(B) Ounjẹ ọsán ( ) 

(C) Ìpanu ( ) 

(D) Ounjẹ alẹ́ ( ) 

OUNJẸ - ALIMENTOS

Vejamos o nome de alguns alimentos na língua yorubá. Alguns desses itens são usados tanto na alimentação dos iorubás quanto na brasileira. Para que você treine a fala, é importante que você busque repetir o som de cada palavra de acordo com a fonética ensinada no capítulo 1.

Ìrẹ́sì – Arroz

Ẹ̀wà - Feijão

Iyọ̀ – Sal

Ṣúgà - Açucar

Gbágùda - Mandioca/ Aipim

Iṣu - Inhame

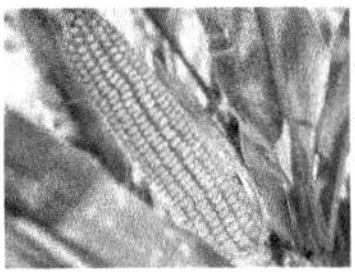

Àgbàdo – Milho

Wàrà - Queijo

Wàrà – Leite

Omi - Água

Ẹran adiyẹ - Carne de galinha

Ẹran málúù - Carne de vaca

Ẹja – Peixe

Ẹyin - Ovo

Tòmátì – Tomate

Àlùbọ́sà - Cebola

Ata – Pimenta

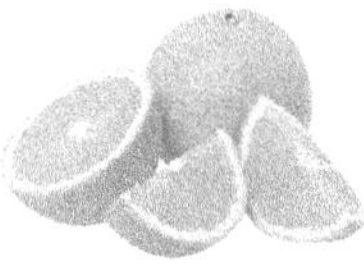

Ọsàn - Laranja

Ẹfọ́ – Verdura

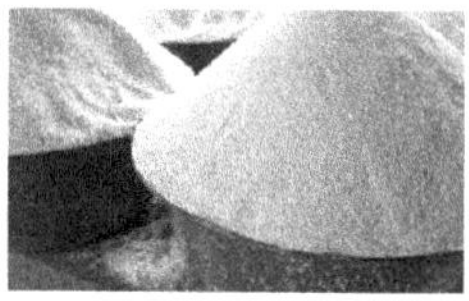

Láfún - Farinha de Mandioca

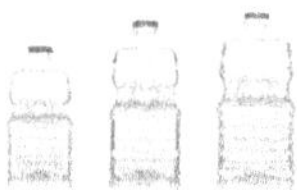

Epo òróró - Óleo de soja

Epo pupa - Óleo de dendê

Àkàrà òyìnbó Biscoito/ Bolo (industrializado)

Àkàrà - Biscoito/ Bolo (caseiro)

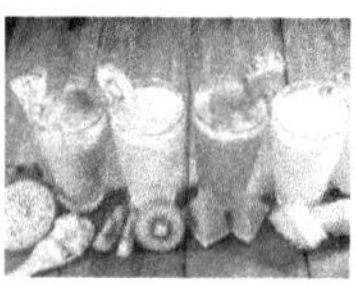

Omi esokéso - suco de frutas

Búrẹ́dì - Pão

Adaşé 5: Kọ orukọ ounjẹ naa. Escreva o nome dos alimentos.

a) 

____

b) 

____

c) 

____

d) 

____

e) 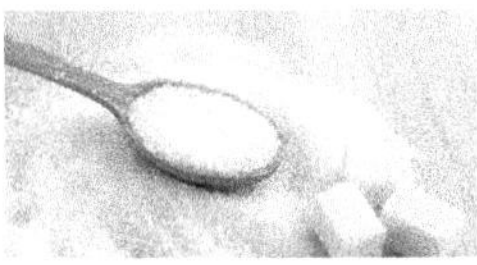

____

f) 

____

g) 

____

h) 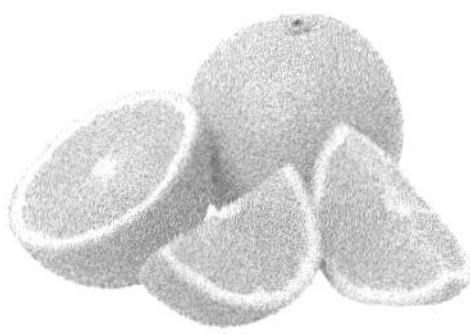

____

i) 

____

j) 

____

k) 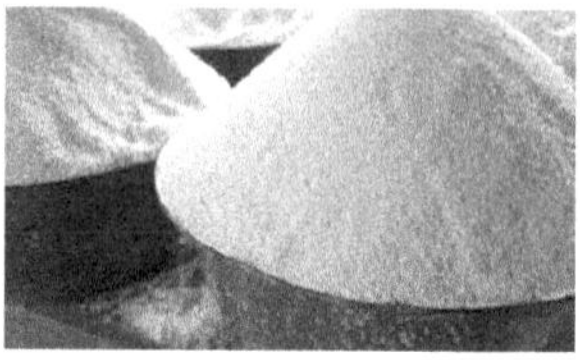

____

l) 

____

m) 

____

n)

____

o) 

____
_

p) 

____

q) 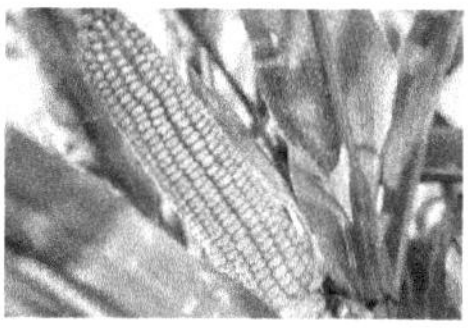

____

r) 

____

s)

____

t) 

____

u) 

____

v) 

____

x)  ____________________________

Adaṣé 6: Kọ orukọ awọn ounjẹ ti o damọ ninu aworan. Escreva o nome dos alimentos que você identifica na imagem.

a) 

b) 

c) 

Agora, é importante conhecermos o uso desse vocabulário. Assim, apresentaremos alguns modelos de frases. Destacamos que a construção das frases em yorùbá segue o mesmo padrão de outras línguas. Verifica-se a presença de três elementos fundamentais: SUJEITO + VERBO + COMPLEMENTO.

Mo fẹ́'jẹ ìrẹ́sì ati ẹ̀wà pẹlu adiyẹ loni. Eu quero comer arroz e feijão com frango hoje.
Òngbẹ ngbẹ mi, mo fẹ́'mu omi. Eu estou com sede, quero beber água.
Mo fẹran lati jẹ ẹjá. Eu gosto de comer peixe.

8.3 - JẸ - JẸUN

O verbo jẹ ou jẹun significa comer. Entretanto, duas regras especificam a diferença de uso entre eles. Vejamos quais são estas regras:

1a. Usamos "jẹ" quando for especificar ou identificar a comida.

2a. Usamos "jẹun" quando não especificamos a comida, porque jẹun é a junção de suas palavras: jẹ + ohun = comer alguma coisa ou algo

Àpẹẹrẹ - exemplo:

Mo jẹun loni ↣ Eu comi hoje (algo)

Neste caso não é especificado o que comeu.

Mo jẹ ẹran loni ↣ Eu comi carne hoje

Neste caso, a carne é o nome da comida.

Observação:
É interessante notar que quando for para oferecer ou dividir a sua comida com alguém a expressão certa a ser utilizada é:

Wá jẹun ↣ Venha comer ou coma comigo. OU **Ka jẹun** ↣ Vamos comer.

Nos terreiros no Brasil é comum se falar "A jẹun". Contudo, esta expressão possui um significado diferente para o yorubá. Na cultura yorubá "A jẹun" possui o sentido de "comemos" no passado. Talvez "A jẹun" seja uma modificação da pergunta ṢA JẸUN? = ṢE A JẸUN?, ou seja: VAMOS COMER?

Adaṣé 7: Ṣalaye iyatọ laarin awọn ọrọ-ìṣe jẹ ati jẹun? Explique a diferença entre os verbos jẹ e jẹun?

____

____

____

____

____

Adaṣé 8 : Lo awọn ọrọ-ìsẹ jẹ tabi jẹun biti o se yẹ . Use os verbos jẹ ou jẹun corretamente.

a) Iya mi ____________ lana.
b) Mo fẹran lati _______ ìrẹ́sì ati ẹ̀wà.
c) A jọ _____________ .
d) Bàbá mi __________ ata púpọ̀.
e) Wọn nifẹ lati ____________ ni ilé mi.

a) Minha mãe comeu ontem.
b) Eu gosto de comer feijão e arro
c) Nós comemos juntos.
d) Meu pai comeu muita pimenta.
e) Eles adoram comer na minha ca

Adaṣé 9: Kọ ounjẹ Brazil kan. Escreva uma refeição brasileira.

____

____

____

Ọ̀rọ̀-ìṣe miiran- Outros verbos

No capítulo anterior estudamos os verbos jẹ e jẹun, agora vamos estudar outros verbos relacionados à alimentação. Os verbos no presente em yorubá não tem variações de pessoa, tempo e modo. Vejamos, então, as conjugações dos verbos beber, cortar e fazer.

MU - beber	GE – cortar	SÉ - cozinhar
Mo mu	Mo ge	Mo sé
O mu	O ge	O sé
Ó mu	Ó ge	Ó sé
A mu	A ge	A sé
Ẹ mu	Ẹ ge	Ẹ sé
Wọn um	Wọn ge	Wọn sé

A formação da frase em yorubá segue a estrutura: SUJEITO + VERBO + COMPLEMENTO. Vejamos algumas frases em que utilizamos os verbos mu, ge e sé.

Mo n mu omi. Eu bebo água.
Ó n ge ẹran maalú. Ele corta carne de vaca.
Iyá mi n sé ounjẹ. Minha mãe faz comida.

8.4 - AWỌN OUNJẸ AFIRIKA - COMIDAS AFRICANAS

A culinária é extremamente importante para conhecermos a cultura de um determinado grupo social. Os hábitos alimentares são culturais, isto se expressa desde a escolha dos alimentos até a forma de se alimentar. Deste modo, é importante conhecermos a forma de alimentação dos Yorùbá, cuja influência na culinária brasileira é notória. Vejamos como são os nomes das refeições na língua Yorùbá.

Adàpọ: É uma mistura de arroz e feijão. Eles são cozidos juntos e se come com um molho (atá dindin) acompanhado de peixe ou de carne.

Àmàlà: É feito com a farinha da pele de inhame seca bem batida na água quente até ficar meio sólido. Se come com um molho de tomate e um legume chamado de ewedu e com qualquer tipo de proteína animal.

Ẹ̀kọ: Farinha de milho branco (canjica) cozida em folha de bananeira. É geralmente acompanhado de ensopado de peixe ou de carne ou pimenta.

Ẹ̀fọ́: É um prato feito à base de algum tipo de legume. Primeiramente, o legume é cozido na água e, em seguida, ele é colocado de novo no fogo misturado com outros temperos, carne ou peixe.

Ọbẹ̀ (ẹ̀yìn, ẹpa, ẹfọ): É um molho (ensopado) de tomate um pouco apimentado misturado com vários outros temperos. Também leva carne ou peixes. Tem vários outros tipos de molho, por exemplo: **Ọbẹ̀ ẹpá:** Ensopado de amendoim; **Ọbẹ̀ ẹyìn:** Ensopado de palma

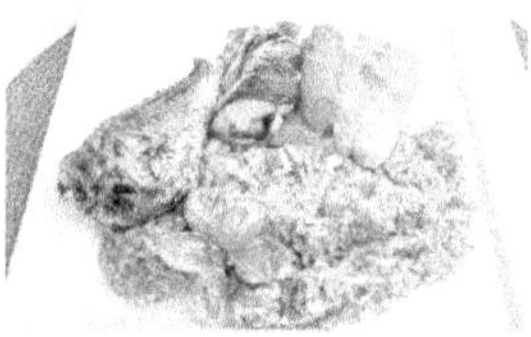

Irẹsi pupa: É chamado ao pé da letra de arroz vermelho. Primeiro é feito o molho de tomate com os temperos da sua escolha. Deixa ferver bem e depois jogar o arroz dentro e deixar cozinhar. Pode ser acompanhado de qualquer proteína animal.

Iyán : É um inhame cozido batido. Ele se come geralmente com ensopado de palma ou de amendoim.

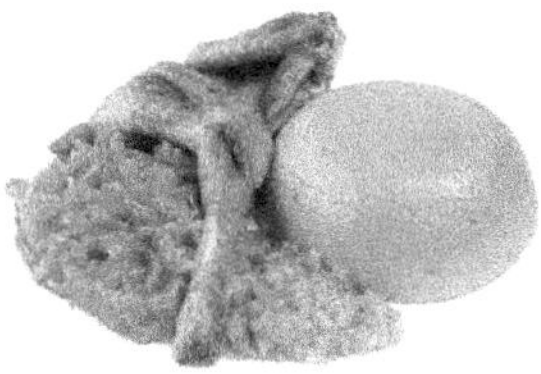

Ọka pupa: É um tipo de angu temperado. Primeiro, defuma-se a farinha de milho até ela mudar um pouco de cor; depois faz-se um molho temperado com alho, gengibre, pimenta, cebola e pimenta de reino. Deixe ferver bem o molho e coloque a farinha. Depois mexa rapidamente até ficar no ponto. Tem que ser um pouco mais consistente que o angu brasileiro.

Farọfa: É a farinha de mandioca (ìyẹ̀fun gbagudá) misturada com acarajé (àkàrà) ou semente com alho, cebola e tomate.

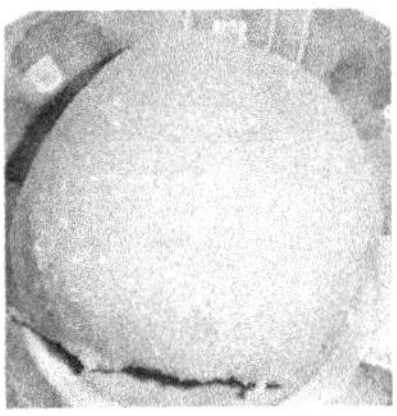

Ẹ̀bà: É a farinha de mandioca batida na água bem quente e misturada rapidamente até ficar sólida.

9. AWỌN GBOLOHUN ỌRỌ - FRASES

9.1 - GBOLOHUN ỌRỌ ÌTẸNUMỌ́ - FRASES AFIRMATIVAS

Uma frase afirmativa é uma frase simples. Ou seja, é uma frase que se compõe de três elementos básicos, que são

SUJEITO + VERBO + COMPLEMENTO

Já estudamos os pronomes pessoais, os pronomes pessoais tônicos e os três verbos mais usados na língua yorubá (wà, jẹ e ní); e no capítulo anterior destacamos o estudo do verbo comer (jẹ e jẹun). A partir de agora, sempre faremos referência a esses pronomes e passaremos a apresentar mais verbos, de forma que a construção de frases se torne mais fácil.

Vejamos, então, alguns exemplos:

Mo jẹ́olúkọ́ ↣ Eu sou professor

A nwẹ̀ lodò (ni odò) ↣ Nós tomamos banho no rio

Mo nkọ́èdè yorùbá ↣ Eu aprendo a língua yoruba

Adaṣé 1: Ni bayi àkókò tirẹ ni! Kọ awọn gbolohun ọrọ 10 nipa lilo àwọn arọ́pò orúkọ ara ẹni ati àwọn ọrọ-ìṣe ti a kọ tẹlẹ. Agora é a sua vez! Escreva 10 frases usando os pronomes pessoais e os verbos já estudados.

9.2 - GBOLOHUN ỌRỌ ÒDÌ - FRASES NEGATIVAS

A partícula Kò

A construção da frase negativa na língua yorubá é feita de uma forma específica, pois se usa a partícula negativa Kò. Veja abaixo a estrutura frasal:

SUJEITO + KÒ + VERBO INFINITIVO + COMPLEMENTO

A partícula **Kò** consiste em uma expressão negativa, significando **não**. Vejamos alguns exemplos.

Afirmação : **Mo nlọ́ si ọjà.** Eu vou para o mercado.
Negação : **Mi kò lọ si ọjà.** Eu não vou para o mercado.

Atenção! Não usamos **"mo"** na negação, usamos **"mi"**

A partícula Kii

Na língua iorubá existe uma negação mais contundente, uma negação equivalente ao nunca na língua portuguesa que está associado à partícula "Kii".

"Kii" significa nunca ou jamais. Ela é usada para exprimir uma negação permanente ou absoluta. Uma coisa que provavelmente nunca vai acontecer.

SUJEITO + KII + VERBO + COMPLEMENTO

A partir dessa estrutura apresentada, vejamos alguns exemplos:

Mi kii jẹ ẹran. Eu absolutamente não como carne.

Abúro mi kii jẹ ẹran malú. Meu irmão nunca come carne de boi.

Advérbio + kọ e Pronome + kọ

A partícula **Kọ** será utilizada neste caso para responder a uma pergunta de uma maneira direta. O **kọ** aqui representa a negação (não). Vejamos os exemplos.

Ṣé ibi ni? É aqui?

Ibi kọ! Não é aqui

Ṣé eyi ni? É este?

Eyẹn kọ! Não é este!

Ṣé iwọ lo gbé owo mi? Foi você que pegou meu dinheiro?

Emi kọ! Eu não!

A partícula "má"

Uma frase imperativa começa geralmente por um verbo, que tem como finalidade dar ordem, recomendações ou conselhos. Na língua yorubá a negação de frases imperativas ocorre através do uso da partícula "má" (lê-se mã), que significa não. Vejamos a estrutura da frase.

MÁ + VERBO + COMPLEMENTO

A seguir apresentamos algumas frases com o uso da partícula **"má"**

Ṣi ìlẹ̀kùn fun mi. Abra a porta para mim.

A negação será:

Má ṣi ìlẹ̀kùn fun mi. Não abra a porta para mim.

Má sùn. Não durma.

Má ṣe bẹ́ẹ̀. Não faça isso.

Má jadé si itá. Não vá para fora / Não vá embora.

A expressão Ko sí

A expressão ko sí na língua iorubá significa não tem ou não está. Vejamos alguns exemplos de seu uso.

Kosi omi. Não tem água.

Kosi ni ilé. Não está em casa.

Adaṣé 2: Kọ awọn gbolohun ọrọ nipa lilo odi. Escreva as frases usando a negativa.

1. Jadé si itá.Vá para fora.

2. Wá ka lọ si ilé. Vamos para casa.

3. Ẹ̀gbọ́n mi rá bata titún fun mi. Meu irmão comprou sapato novo para mim.

4. Òjò nrọ. Está chovendo

5. Ìdánwò yi lé pupọ. Esta prova é muito difícil.

6. Mo nkọ́'èdè Yorùbá. Eu estou aprendendo yoruba.

7. A fẹran olúkọ wa. Nós gostamos do nosso professor.

8. Mo ti yó. Eu estou satisfeito

9. Wọn ní ajá meji. Eles têm dois cachorros

10. Mo fẹran lati jó. Eu gosto de dançar

Adaşé 3: Kọ awọn gbolohun ọrọ si odi. Escreva as frases na forma negativa**.**

1. Mo ngbá bọọlu. Eu jogo bola.
2. A nṣé ọdún ilé wa.Nós estamos fazendo a festa na nossa casa.
3. Mo njẹ ọgẹdẹ.Eu como banana.
4. Iya wa nsé ounjẹ. A nossa mãe cozinha.
5. Mo sùn lana. Eu dormi ontem.
6. Mo nífẹ́ rẹ.Eu te amo.
7. A nwẹ̀ ni inún okún. Estamos tomando banho de mar.
8. Wọn nkọ́ iṣẹ́ télọ. Eles estão aprendendo a costurar.
9. Baba mi npè mi. Meu pai está me chamando.
10. Oni ìlù nlù ìlù rẹ̀. O percussionista toca seu tambor.

9.3 - GBOLOHUN ỌRỌ ÌBÉÈRÈ - FRASES INTEROGATIVAS

Na língua Yoruba podemos fazer perguntas de três formas.

FORMA 1:

Pronome interrogativo + sujeito + verbo...+ ?

Àpẹẹrẹ - exemplo: Ibo ni o nlọ́? Onde você vai?

PRONOMES INTERROGATIVOS MAIS COMUNS

BÁWO NI ?	Como ?	NÍBO / IBO ?	Onde ?
KÍNI ?	O que ?	MÉLÓ ?	Quanto ? (quantidade)
TANI ?	Quem ?	ÈELO ?	Quanto ? (preço)
NÍTORÍ KÍNI ?	Por que?	EWO ?	Qual ?
NÍGBÀWÓ ?	Quando ?		

FORMA 2:

Ṣe + sujeito + verbo + complemento + ni + ?

Àpẹẹrẹ - exemplo: Ṣe o ti lọ si ilú Bahia ni ? Você já foi à Bahia?

FORMA 3:

Njẹ́ + sujeito + verbo + complemento + ?

Àpẹẹrẹ - exemplo: Njẹ́ o ní aja ? Você tem cachorro?

Adaṣé 4: Fi awọn gbolohun ọrọ si awon gbolohun ọrọ ìbéèrè. Coloque as frases na forma interrogativa.

1- Ó ti yó. Ele está satisfeito.

____.

2- Ó rá awọn iwé. Ela comprou os livros.

____________________________________.

3- Agbẹjọro ni wọn. Eles são advogados.

____________________________________.

4- Ọrẹ mi ranti mi. Meu amigo se lembrou de mim.

___________________________.

5- A kò lé ró gbogbo nkán wo. Nós não podemos pensar em tudo.

____

Adaṣé 5: Lo ọrọ ibéré to pe. Use a palavra interrogativa correta.

1- Sí_______________ ẹ nlọ? Para onde vocês estão indo?

2- _______________ o? Quem é você?

3-_______________ ni o ngbé? Onde você está morando?

4-_______________ ó dé? Quando ela chega?

5-_______________ ẹyin nṣe? O que vocês estão fazendo?

6- Àga _______________ awa ni? Quantas cadeiras nós temos?

7- _______________ ni èso yìí? Quanto custa essa fruta?

EXEMPLOS DE PERGUNTAS E RESPOSTAS

Bawo ni ajá náà wá? Como é o cachorro?
Ajá náà tobi. O cachorro é grande.

Bawo ni iyá rẹ wà? Como está sua mãe?
Iyá mi wà dáàdáà. Minha mãe está bem.

Tani npè mi? Quem está me chamando? Baba rẹ npè ẹ. Seu pai está te chamando.

Ibo ni wọn ngbé? Onde eles estão morando?
Wọn ngbé ni Rio de Janeiro. Eles estão morando no Rio de Janeiro.

Kíni iṣẹ rẹ? Qual é seu trabalho?
Oníwọsàn ni mi. Sou médica.

Nitori kini o kò wá lànà? Por que você não veio ontem? Mo gbagbé lati wá lana. Eu esqueci de ir.

Ṣe o ọmọ ilé-iwé ni tabi olukọ? Você é aluno ou professor?
Ọmọ ilé-iwé ni. Aluno

Kini orúkọ rẹ? Qual seu nome?
Orúkọ mi ni Sarah. Meu nome é Sarah.

Báwo ni? Como você está?
Mo wà dáàdáà. Eu estou bem.

Ọdún mélo loní? Qual sua idade?
Mo ní ọdún ogogi. Tenho 40 anos.

Adaṣé 6: Dahun awọn ibeere. Responda às perguntas:

a) Kini orúkọ rẹ? Qual seu nome?

b) Báwo ni? Como vai?

c) Ọdún mélo loní? Qual sua idade?

d) Ṣe o ọmọ ilé-iwé ni tabi olukọ? Você é estudante ou professor/a?

10. ARA ÈNÌYÀN ATI ỌRỌ̀-ÌṢE RÍ, GBÓÓRÙN, FỌWỌ́TỌ́, GBỌ́ - O CORPO HUMANO E OS VERBOS VER, CHEIRAR, TOCAR, OUVIR

Neste capítulo estudaremos as partes do corpo incluindo alguns órgãos internos e os verbos relacionados a algumas atividades corporais. A primeira observação que faremos é a seguinte: na língua yorùbá corpo é ARA e ÈNÌYÀN ou ẸNI significa humano.

10.1 - ARA ÈNÌYÀN - CORPO HUMANO

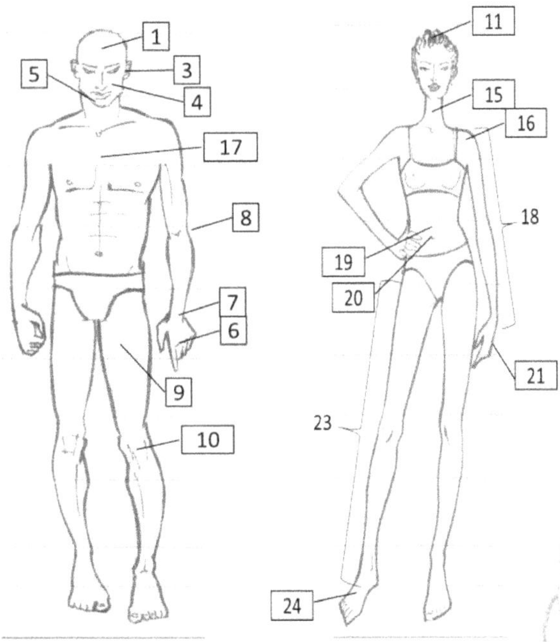

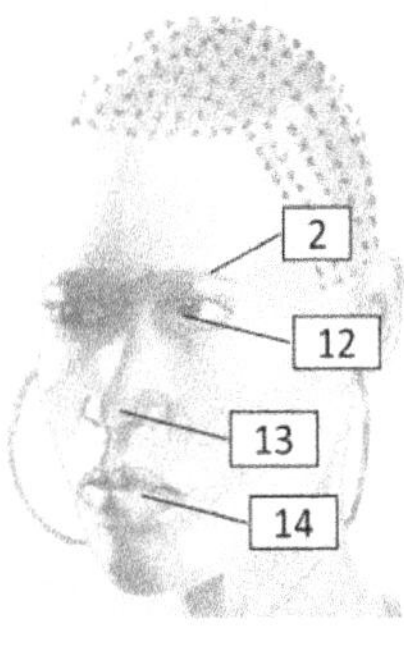

1. Iwaju - testa
2. Oju penpe - sobrancelha
3. Etí - orelha

4. Ẹ̀kẹ́ - bochecha
5. Àgbọ̀n - queixo
6. Awọn ìka ọwọ́ - Os dedos da mão
7. Ọwọ ọwọ - Pulso da mão
8. Ìgopá - cotovelo
9. Itan - coxa
10. Eekún - joelho
11. Irun – Cabelo
12. Ojú – Olhos / Rosto
13. Imú – Nariz
14. Ẹnu – Boca (ahọ́n – língua; ètè – lábio)
15. Ọrùn – Pescoço
16. Èjìká – Ombro
17. Àyà – Tórax (ọkàn – coração)
18. Apá – Braço
19. Ikùn – Barriga ou Quadril (Inu – Estômago)
20. Bọtini ikun – Umbigo
21. Ọwọ́ – Mão
22. Èékànà – Unha
23. Ẹsẹ̀ – Pé/Perna (Àtẹlẹsẹ̀ – Sola do pé)
24. Ẹsẹ̀ – Pé/Perna

Além de todas as partes do corpo estudadas, existem dois elementos que merecem atenção. O primeiro deles é o que se refere à cabeça, que é ORÍ; e o segundo, as costas, Ẹ̀YÌN. ORÍ é o termo que, fisicamente, corresponde à cabeça, mas em termos religiosos, ORÍ é considerado a essência do ser humano, incluindo também o destino do indivíduo e suas escolhas pessoais. Ẹ̀YÌN, as costas, são uma parte do corpo humano descrita no plural, pois se compõem das várias partes das costelas, origem de seu nome. Deste modo, não escrevemos "costa" no singular, e sim costas no plural - essa é uma dúvida bastante comum no português.

Àwọn àpẹẹrẹ - exemplos:
Ojú rẹ rẹwà. Seu rosto é bonito.

A nfi etí wa gbọ́ràn. Nós escutamos com nossas orelhas.
A nfi ojú wa riràn. Nós enxergamos com nossos olhos.
Mo nfi imú mi gbóórùn. Eu sinto cheiro com meu nariz.
A nfi ọwọ́ kọwé. Nós escrevemos com a mão.

Adaṣé 1: Kọ awọn orukọ ti awọn ẹya ara ènìyàn isalẹ: Escreva o nome das partes do corpo humano abaixo:

a) 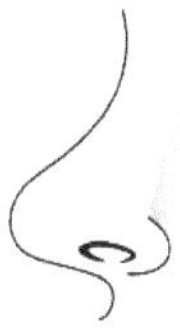	
b) 	
c) 	
d) 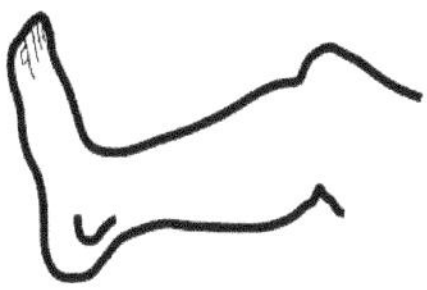	
e) 	
f) 	

Adaṣé 2: Kọ awọn gbolohun ọrọ márún pẹlu awọn ẹya ara. Escreva cinco frases com as partes do corpo.

10.2 - RÍ, GBÓÓRÙN, FỌWỌ́TỌ́, GBỌ́ - VER, CHEIRAR, TOCAR, OUVIR

Vamos estudar alguns verbos específicos ao corpo humano, como ver, cheirar, tocar e ouvir.

RÍ Ver	GBÓÓRÙN Cheirar	FỌWỌ́TỌ́ Tocar	GBỌ́ Ouvir
Mo rí	Mo gbóórùn	Mo fọwọ́tọ́	Mo gbọ́
O rí	O gbóórùn	O fọwọ́tọ́	O gbọ́
Ó rí	Ó gbóórùn	Ó fọwọ́tọ́	Ó gbọ́
A rí	A gbóórùn	A fọwọ́tọ́	A gbọ́
Ẹ rí	Ẹ gbóórùn	Ẹ fọwọ́tọ́	Ẹ gbọ́
Wọn rí	Wọn gbóórùn	Wọn fọwọ́tọ́	Wọn gbọ́

Àwọn àpẹẹrẹ - exemplos:

Baba mi rí filmu naa. Meu pai viu o filme.

Arabinrin mi gbóòórùn àwọn òdòdó náà. Minha irmã cheirou as flores.

Ó fọwọ́ tọ́ mi. Ele me tocou hesitantemente[5].
Anti mi ngbo orin orile-ede. Minha tia ouve música nacional.

Adaṣé 3: Kọ awọn gbolohun ọrọ meji pẹlu ọrọ-ìse **gbọ** ati meji pẹlu ọrọ-ìse **wo**. Escreva duas frases com o verbo ouvir e duas com o verbo ver.

Awọn imọ-ara márún	**Os cinco sentidos**
Ìgbóòrùn	Olfato
Ìfọwọ́bà, ìfọwọ́kàn (toque, ato de tocar em alguma coisa)	Tato
Ládùn, Iyetọ́wo (sensibilidade do paladar)	Gosto/ Paladar
Iyèríran, wiwò, rírí	Visão
Gbígbọ́	Audição

Adaṣé 4: Pari awọn ọrọ naa pẹlu awọn imọ-ara marun: Complete o texto com cinco sentidos do corpo:

[5] Dicionário Yoruba-português . Prof. José Beniste

a) Pẹlu _______ mi, mo lé fikan nkan. Com minha mão, eu posso tocar em algo.

b) Pẹlu _______ mi, mo lé ríràn. Com meus olhos, eu posso enxergar.

c) Pẹlu awọn ________, mo lé gbọ́rọ̀. Com meu ouvido, eu posso ouvir.

d) Pẹlu ______ mi, Mo lé gbóòrun. Com meu nariz, eu posso cheirar

e) Pẹlu ________ mi, Mo lé ṣe tọ́ nkan wò. Com minha boca, eu posso provar algo.

Adaṣé 5: So awọn imọ-ara pọ si awọn ẹya ara: Ligue os sentidos do corpo as partes de corpo.

(A) igbóorun
(B) iriran
(C) ìgbọ́rọ̀
(D) ládùn
(E) ifọwọ́bà

( ) 

( ) 

( ) 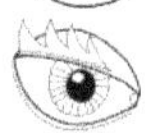

( ) 

( ) 

11. NỌMBÁ - NÚMEROS

O estudo de uma língua está incompleto se não conhecermos os números. E essa é uma parte extremamente interessante, pois os iorubás possuem uma forma específica de escrever os números. Vamos aprendê-las.

Os números de 1 a 10:

1 – ọkan

2 – méjì

3 – mẹta

4 – mẹrin

5 – marun

6 – mẹfa

7 – meje

8 – mẹjọ

9 – mẹsan

10 –mẹwa

Os números de 11 a 15 apresentam variações, vejamos:

11 – mọkanla

12 – méjìla

13 – mẹtala

14 – mẹrinla

15 – mẹ́ẹ̀dogun

Os números seguintes possuem uma norma que deve ser seguida em sua formação. Em matemática 20 - 4 = 16. Na língua yorubá, quando você fala **quatro menos vinte**, você fala o equivalente ao nosso número 16. Veja:

Mẹrin din ni ogun = 16 (4 - 20) = 16 – Mẹrindinlogún

Esta regra se aplica aos números seguintes. Observe:

17 – Mẹtadinlogún

18 – Mejidinlogún

19 – Mọkandinlogún

20 – Ogún

Contudo, para você escrever 21, a regra que se adota é um mais vinte; ou seja, em linguagem matemática: 20 + 1 - 21. Na língua yorubá,

21 – Mọkanlelogún

Mọkan le logún = 1 + 20= 21

Isto se repete até o número 25.

22 – Mejilelogún

23 – Mẹtalelogún

24 – Mẹrinlelogún

O número 25 possui uma escrita única: Mẹẹdọgbọn. E novamente retornamos a regra da diminuição. O que se repetirá com os demais números, com exceção dos terminados em zero, que possuem nomes específicos.

26- Mẹrindinlọgbọn

27- Mẹtadinlọgbọn

28- Mejidinlọgbọn

29- Mọkandinlọgbọn

Vejamos agora os números a partir do trinta até o 50.

30 - Ọgbọn

31 – Mọkanlelọgbọn
32 – Mejilelọgbọn
33 – Mẹtalelọgbọn
34 – Mẹrinlelọgbọn
35 – Mẹẹdogoji
36- Mẹrindinlogoji
37- Mẹtadinlogoji
38- Mejidinlogoji
39- Mọkandinlogoji
40 – Ogoji

41 – Mọkanlelogoji
42 – Mejilelogoji
43 – Mẹtalelogoji
44 – Mẹrinlelogoji
45 – Mẹẹdadọta
46- Mẹrindinladọta
47- Mẹtadinladọta
48- Mejidinladọta
49- Mọkandinladọta
50 - Aadọta

Para finalizar, vejamos os números de 51 a 100

51 -Mọkanleladọta
52 -Mejileladọta
53 -Mẹtaleladọta
54 -Mẹrinleladọta
55 -Mẹẹdọgọta
56- Mẹrindinlọgọta
57- Mẹtadinlọgọta
58- Mejidinlọgọta
59- Mọkandinlọgọta
60 -Ọgọta
61 –Mọkanlelọgọta
62 –Mejilelọgọta
63 –Mẹtalelọgọta
64 –Mẹrinlelọgọta
65 –Mẹẹdadọrin
66- Mẹrindinladọrin

67- Mẹtadinladọrin
68- Mejidinladọrin
69- Mọkandinladọrin
70- Aadọrin
71 -Mọkanleladọrin
72 -Mejileladọrin
73 -Mẹtaleladọrin
74 - Mẹrinleladọrin
75 - Mẹẹdogọrin
76- Mẹrindinlogọrin
77- Mẹtadinlogọrin
78- Mejidinlogọrin
79- Mọkandinlogọrin
80 - Ogọrin
81 - Mọkanlelogọrin
82 - Mejilelogọrin

83 - Mẹtalelogọrin
84 - Mẹrinlelogọrin
85 - Mẹẹdadọrun
86- Mẹrindinladọrun
87- Mẹtadinladọrun
88- Mejidinladọrun
89- Mọkandinladọrun
90 - Aadọrun
91 - Mọkanleladọrun
92 - Mejileladọrun
93 - Mẹtaleladọrun
94- Mẹrinleladọrun
95- Mẹẹdọgọrun
96- Mẹrindinlọgọrun
97- Mẹtadinlọgọrun
98- Mejidinlọgọrun
99- Mọkandinlọgọrun
100 - Ọgọrun

Adaşé 1: Ka ki o si ṣe ila awọn nọmba ninu ọrọ ti o wa ni isalẹ. Leia e sublinhe os números no texto abaixo.

Awọn nọmba	Números
Orukọ mi ni Ayọbamide. Mo ni ọdun mẹtala. Mo nifẹ ẹbi mi. Orile-ede mi ni Benin. Baba mi jẹ yoruba. Akanmu ni orukọ rẹ. Iyá mi naa jẹ yorubá. Aṣakẹ ni orúkọ rẹ. Mo ni aburọ mẹrin. Awọn orùkọ wọn Ajikẹ, Amọpe, Abẹgbe ati Amọo. Mo fẹ ṣe irin ajo ni oṣu ti nbọ. Ẹbi wa yoo lọ si etí-òkun ni Cotonou. A yoo wá papọ ọjọ mẹẹdogbọn.	Meu nome é Ayọbamide. Eu tenho treze anos de idade. Eu amo minha família. Meu país é Benin. Meu pai é iorubá. O nome dele é Akanmu. Minha mãe também é Yoruba. O nome dela é Ashake. Eu tenho quatro irmãos. Seus nomes: Ajikẹ, Amọpe, Abẹgbe e Amọo. Eu quero viajar no próximo mês. Nossa família irá à praia em Cotonou. Vamos nos reunir no dia 25.

Adaşé 2: Kọ àwọn nọmba lati ọkan si ogun. Escreva os números de um a vinte.

Adaṣé 3: So awọn orukọ nọmba pọ. Ligue os números ao nome

Mẹ́ta		1	2	3	
Mẹ́rin		8		9	
Máàrún			5		
Mẹfa	7		8	4	
Méje					
Mẹ́jọ			5		6
Mẹ́sàn					10
Mẹwa					

Adaṣé 4: So awọn nọmba naa pọ ki o wo ẹranko ti o ṣẹda, kọ orukọ rẹ. Ligue os números e veja o animal que se forma, escreva o nome dele.

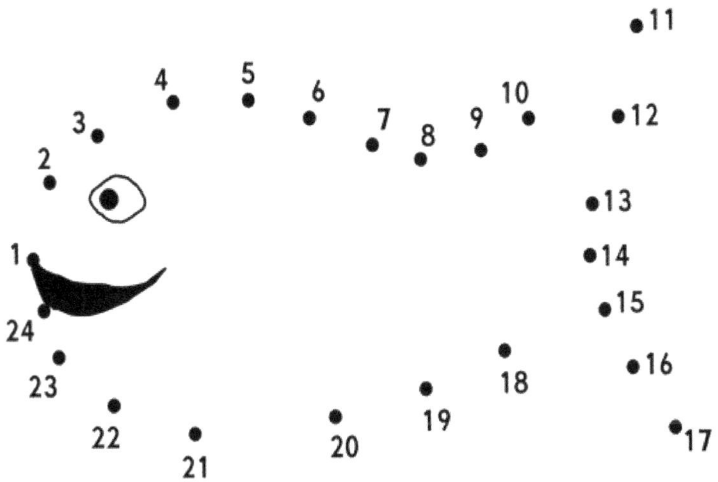

11.1 - AGOGO - HORÁRIO

Agogo méló ni nlú ? - "Quantas horas são?" = Qual o horário?

Após aprendermos os números, estamos aptos ao estudo das horas. Na cultura yorubá não se utiliza o sistema de 24 horas como no Brasil. Utiliza-se somente 12 horas. Então, é extremamente relevante conhecer os números de 01 a 12, assim como os períodos do dia.

Relembrando!

1 – Ọkan 2 – Meji 3 – Mẹta 4 – Mẹrin 5 – Marun 6 – Mẹfa 7 – Meje 8 – Mẹjọ 9 – Mẹsan 10 – Mẹwa	Áàrọ́ ⇒ de manhã Ọ̀sán ⇒ à tarde Irọlẹ́ ⇒ entardecer Alẹ́ ⇒ à noite Óòrú ⇒ madrugada

Vejamos, então, como os Yorùbá respondem à pergunta: quantas horas são? De acordo com eles, existem duas possibilidades de resposta:

Na primeira, dizemos as horas e os minutos que já se passaram adotando a seguinte estrutura:

Agogo + nọmba + O kọ́já iṣejú + nọmba

O exemplo a seguir permite que identifiquemos os elementos da estrutura apresentada.

8:15 ⇨ **Agogo mẹjọ o kọ́ja iṣẹjú mẹẹdogún**

Oito horas e quinze minutos.

Destacamos as seguintes informações presentes nesta frase. A expressão **O kọ́ja** significa **passou de.** A palavra **Iṣẹjú** traduz-se como **minutos,** e **Agogo** equivale a **horas.** Como aprendido no capítulo anterior, **mẹjọ** é o número 8, e **Mẹẹdogun,** 15.

A segunda forma de se informar as horas, segue abaixo:

Agogo + nọmba + O kù iṣẹjú + nọmba

8:45 ⇨ **Agogo mẹ́sán o kù iṣẹjú mẹẹdogún**

Faltam 15 minutos para as nove.

Neste caso, a expressão **O kù** significa **faltam.**

ATENÇÃO! usa-se **O kọ́já iṣejú** até 00:35, passados esses minutos, usa-se **O kù iṣẹjú**.

Outra expressão usada é **ààbọ, meio ou metade**, para os horários como

8:30 ⇨ **Agogo mẹjọ ààbọ** São oito e meia.

Vejamos os dois exemplos que se seguem:

Exemplo 1:

21: 45 ⇨ **Agogo mẹwa o kù iṣẹjú mẹẹdogun**

Quinze minutos para dez horas.

A expressão **Agogo mẹwa** possui o sentido de **10 horas**, **Iṣẹjú** são minutos e **Mẹẹdogun** refere-se ao **número 15**.

Exemplo 2:

10:30 ⇨ **Agogo mẹwa ààbọ**

Dez horas e meia ou Dez horas e 30 minutos.

Para indicar se um horário é de manhã, de tarde, de noite ou de madrugada, acrescentamos as partes do dia depois dos números da hora, vejamos:

8:30 ⇨ **Agogo mẹjọ** alẹ **ààbọ**

São oito e meia da noite.

8:30 ⇨ **Agogo mẹjọ** ààrọ̀ **ààbọ**

São oito e meia da manhã.

Adaṣé 5: Kọ̀ awọn agogo ti nlú ... Escrevam a hora...

a) 12:15 (ọsán) ______________________________

b) 12:50 (ọsán)______________________________

c) 15:10 (ọsán)______________________________

d) 2:30 (ààrọ) ______________________________

e) 10:20 (áàrọ)________________________________

f) 17:50 (ọsán)________________________________

g) 11:00 (alẹ́) ________________________________

h) 8:40 (alẹ́)________________________________

i) 9:31 (alẹ́)________________________________

Adaṣé 6: Ka ọrọ naa ki o dahun àwọn ibeere: Leia o texto e responda as perguntas:

Ifiwepe	Convite
Ọrẹ ololufẹ, Bawo ni o wá? Oni ni ọjọ ibi ẹniyan pataki kan. Idi ti a pé ọ fun ounjẹ alẹ ni 7h. Jẹrisi wiwá rẹ lati ni igbadún pẹlu wa. Ifamọra ńlá fun gbogbo eniyan.	Caro amigo/a, Como você está? Hoje é o aniversário de uma pessoa muito importante. É por isso que os convidamos para jantar às 7 horas da noite. Confirme sua presença e divirta-se conosco. Um grande abraço a todos.

a) Kini iru ọrọ naa? Qual é o tipo de texto?

b) Kini koko ọrọ naa? Qual é o assunto do texto?

c) Akoko wo ni ayẹyẹ naa? Que horas será a festa?

c) Bawo ni o ṣe pari ifiwepe naa? Como finaliza o convite?

11.2- AWỌN ỌJỌ ỌSẸ́, AWỌN OṢU ỌDUN, KỌ́JỌ́DÁ ATI ÌGBÀ - DIAS DA SEMANA, MESES DO ANO, KOJODÁ E ESTAÇÕES DO ANO

Awọn Ọjọ Ọ̀sẹ́[6]

Os dias da semana que vemos hoje foram adaptados para os tempos atuais, porque os Yorùbá usavam um calendário baseado nas fases da lua. Ainda assim, cada dia da semana tem seu significado e muitas pessoas vêem importância nas recomendações seguintes.

AJÉ = *riqueza em yorubá;* é o dia da semana mais importante para os Yorùbá. Por quê?

[6] Informações coletadas em conversas com Kamal e no canal *Yorùbá Lessons with Adérónkẹ́ - YouTube*

Porque acredita-se que se a semana começa bem, toda a semana será ótima; é um dia disputado para iniciar negócios, incluindo casamentos.

ÌṢẸ́GUN = *vitória em yorubá*
Os Yorùbá acreditam que é o dia em que Olodumare, o Deus supremo Yorùbá, vai ajudar a todos a resolver problemas e enfrentar os inimigos, dizem que, em tempos antigos, batalhas eram marcadas neste dia.

ỌJỌ́ ÌDÀRÚ = *dia da confusão;* dia evitado pelos Yorùbá para realizar coisas importantes porque todas as calamidades e problemas vêm à Terra; nada prospera se for começado neste dia, onde os AJOGUN estão na Terra*:*

AJOGUN – os males que afligem e prejudicam nosso dia a dia, como

ÈSÈ (aflição)	ỌFỌ̀ (luto)	IKÚ (morte)
ẸGBÀ (ócio)	ỌRÀN (problema)	ÈPÈ (maldição)
ÈWÒN (prisão)	ẸṢẸ (pecado)	ÌDÀMÚ (frustração)
ÀÀRÙN (doença)	ÀṢÌṢE (erro)	ÒFÒ (prejuízo)

ỌJỌ́ ÀṢẸ̀DÁYÉ = *dia da origem, da ancestralidade*; considerado um ótimo dia para começar eventos e festas em homenagens aos que já faleceram, aos ancestrais familiares ou da sociedade, também é o dia em que começam as honras aos Òrìṣà (Orixás). Este dia também é escolhido para casar, por exemplo.

Dia da dificuldade! É um dia para adiar tudo o que puder! Nada se começa neste dia, principalmente se diz respeito à prosperidade!

Enquanto para o brasileiro o sábado é dia de diversão, para os Yorùbá é um dia considerado péssimo e muito perigoso porque é o DIA DO OCULTO, dos MAIS VELHOS, dia para se pensar três vezes antes de fazer algo[7]. Ou seja, é um dia para realizar oferendas que apaziguem essas forças antigas, nem se enterra ninguém a não ser que essa pessoa seja bem idosa!

ÀÌKÚ = *imortalidade;* também conhecido como ỌJỌ́ ÌSINMI = ỌJỌ́ ÌSIN IMI = *dia do descanso de IMI;* Dizem os Yorubá que Imi foi a mãe de Èṣù Ọ̀dàrà e foi enterrada por Orúnmìlá num domingo enquanto Èṣù estava viajando; daí ser um dia para lembrarmos que Imi está descansando, um dia propício para rezarmos por uma vida longa e próspera, um dia para pedirmos imortalidade para nossas almas e caráter e ainda um dia para descansar...

---

[7] Para os Yorubá, qualquer coisa que aconteça mais de 3 vezes significa grande quantidade

Kọ́jọ́dá, o calendário Yorubá

KÍ ỌJỌ́ DÁ – *que os dias sejam de visão espiritual, ou que sejam de previsão, numa alusão a que nada nos pegue de surpresa*

Antes da invasão dos europeus, o povo Yorùbá usava um sistema de calendário chamado "Kọjọda". O calendário Yorùbá original tinha 4 dias na semana; 7 semanas por mês; 13 meses por ano porque foi criado a partir dos ciclos lunares, daí a palavra òṣù = mês (òṣùpá = lua).

O ano Yorùbá começa em 3 de junho do ano corrente a 2 de junho do ano seguinte. (Em 2022 os Yorùbá comemoraram o ano de 10.064). O ano que se inicia coincide com o festival de Ifá e os dias da semana são dedicados às divindades:

1º dia - dedicado a Obatala (Ṣọpanna, Iyami e Egungun)

2º dia - dedicado a Orunmila (Eṣu, Ifá e Ọṣun)

3º dia - dedicado a Ògún (Ọ̀ṣọ́ọ̀si).

4º dia - dedicado a Ṣàngó (Oya)

Este calendário é ainda usado para culto aos Orixás e Egungun, já os de 7 dias, usados mundialmente, são usados para negócios ou casamento.

O Ìtàn (história por trás de algum mito) conta que este calendário foi estabelecido por Orunmila quando ele encarnou como um humano para vir e ensinar a arte de Ifá aos homens de Ilé-Ifẹ̀. A contagem dos anos parece ter como ponto de partida a criação da terra segundo a mitologia Yorùbá. Com a colonização européia, os Yorùbá se adaptaram ao calendário gregoriano (para o dia-a-dia).

Adaṣé 7: So awọn ọjọ ti osẹ po. Correlacione as colunas

1. Aiku	( ) Segunda-feira
2. Ajé	( ) Sábado
3. Iṣẹgún	( ) Sexta-feira
4. Ọjọ́rú	( ) Terça-feira
5.Ọjọ́bọ	( ) Quinta-feira
6. Ẹti	( ) Domingo
7. Abamẹ́ta	( ) Quarta-feira

Adaṣé 8: Ka awọn ọrọ naa ki o dahun awọn ibeere. Leia os textos e responda as perguntas.

a) Ọsẹ

Ẹ káàrọ́, orúkọ mi ni Fernanda ati pé ọmọ ọdún méjidinlogún ni mi. Ni ọjọ́ ajé mo ma nkọwé. Ni ọjọ́ iṣẹgún mo ma nṣé awọn adaṣé mi. Ni ọjọrú, mo ma nló akoko pẹlu ẹbi mi. Ni ọjọbọ, mo ma nṣé iranlọwọ fun iyá mi lati nù ilé. Ni ọjọ́ ẹti mo ma nbẹ awọn obi-obi mi wó ni igbamiran ti mo bá rí ayè. Ni abamẹta ati aikú mo ma nsinmi ni ilé.

A semana

Bom dia, meu nome é Fernanda e sou uma menina de 18 anos. Na segunda-feira eu estudo. Na terça feira eu faço meus deveres de casa. Na quarta feira eu passo tempo com minha família. Na quinta feira, eu ajudo minha mãe a limpar a casa. Na sexta feira eu visito meus avós às vezes se eu tiver tempo livre. No sábado e no domingo eu descanso em casa.

1- Ọdún mélo ni Fernanda ní ? 1- Quantos anos a Fernanda tem?

____

2- kini ó ma nṣé ni ipari ọ̀sẹ̀ ? 2- O que ela costuma fazer no final da semana?

____

____

3- Kini Fernanda ṣe aarin ọsẹ? O que Fernanda faz durante a semana?

____

____

b) Ni ilé-iwé	Na escola
Maria: Bawo ni Olùkọ Abiọla?	Maria: Como está professor Abiọla?
Olùkọ Abiọla: Ire Maria, iwọ nko?	Prof Abiọla: Bem Maria, e você?
M.: Mo wà daadaa opé ni fún Ọlọ́run.	M.: Estou bem, graças a Deus.
O. A.: Ṣe o ti bẹrẹ adaṣe fún ọsẹ́ ti nbọ ni?	P: Você começou o exercício para a próxima semana?
M.: Bẹẹni olùkọ loni, ọjọ ajé mo fẹ ká iwé pataki kan nipa itan Benin.	M. Sim professor. Hoje, segunda-feira quero ler um livro importante sobre a história do Benin.
O.A.: Dara dara.	P: Muito bem.
M. Mo fẹ mọ nipa bàbá nlá mi ati bawo ni àwọn atipo de si orilẹ-édé wa.	M: Quero saber sobre meus avós e como os imigrantes chegaram ao país.
O.A.: O yóò kọ nkan pupọ Maria.	P: Você vai aprender muito Maria.
M.: Bẹẹni olùkọ. Mo nifẹ lati mọ itan Benin,	M: Sim professor, amo
O.A.: Emi naa Maria.	

Odigba.
M: Odabo olùkọ.

conhecer a história do Benin.
P:Eu também Maria. Tchau.
M: Tchau professor.

a) Tani àwọn ohun kikọ ninu ọrọ naa? Quem são os personagens do texto?

____

b) Kini wọ́n? O que eles são?

____

c) Kini Maria fẹ ṣe ni ọjọ ajé? O que Maria fez na segunda-feira?

____

d) Kini idi ti o fẹ kọ eyi? Porque quer aprender isso?

____

Existem alguns verbos específicos que se associam aos dias da semana. Destacamos que esses verbos são compostos.
O primeiro verbo é **lo akoko**, que significa passar tempo.
Marcos fẹ lati **lo akoko** diẹ sii pẹlu ẹbi rẹ**.** Marcos gostaria de passar mais tempo com a sua família.
Wọn nilo lati **lo akoko** diẹ sii ni ilé-iwé**.** Eles precisam passar mais tempo na escola.

O segundo verbo é **rí ayè** que significa ter tempo livre.
Mo **rí ayè** lati gbádùn ọmọ mi**.** Eu tive a oportunidade de curtir meu filho.
Ó **rí ayè** lati lọ si eti okun. Ele encontrou uma oportunidade de ir à praia.

Òṣù Ọdun - OS MESES DO ANO

Ao longo de milhares de anos vários povos desenvolveram formas de organização do tempo. Assim, é possível encontrarmos em diferentes culturas calendários distintos, como o maia, o chinês, etc. Como os Yorùbá tiveram contato com o calendário gregoriano, iremos apresentar os meses do ano desta organização temporal na língua yorubá. Vejamos:

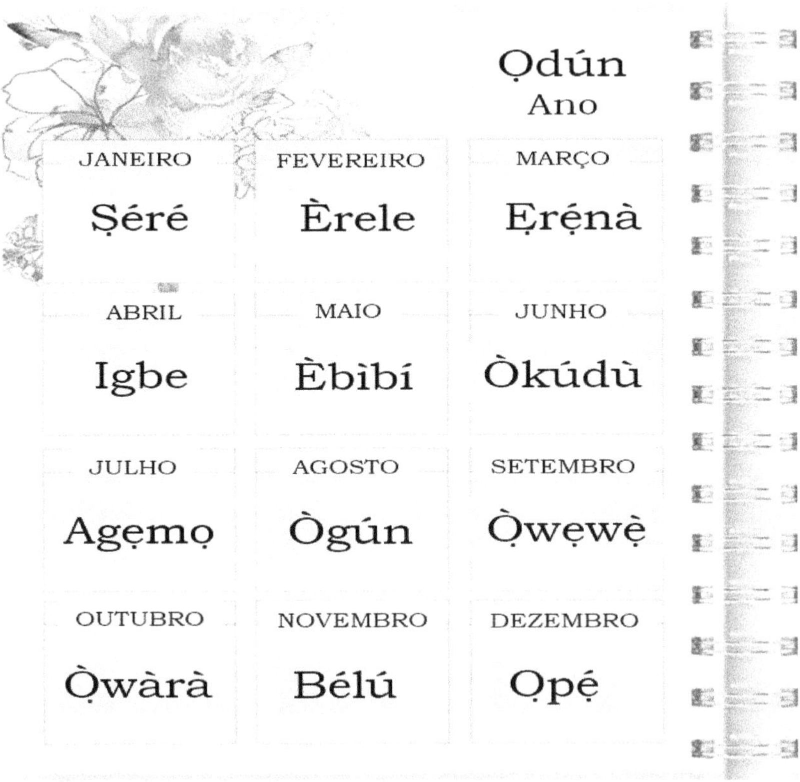

Adaṣé 9: Dahun awọn ibeere. Responda às perguntas

a) Nigbawo ni bàbá rẹ ṣe ayẹyẹ ọjọ-ibi rẹ? Quando o seu pai comemora o aniversário dele?

____

b) Nigbawo ni òṣù ọjọ ibi rẹ? Quando é o mês do seu aniversário?

____

c) Nigbawo ni ayẹyẹ Keresimesi? Quando comemoramos o Natal?

____

d) Kí ni orùkọ òṣù kẹfà? Qual é o nome do sexto mês?

____

e) Kini orùkọ òṣù keji? Qual é o nome do segundo mês?

____

Adaṣé 10: Kọ orùkọ òṣù ọdun ni èdè Yorubá. Escreva o nome dos meses do ano em yoruba

a) ________________________ Janeiro

b) ________________________ Fevereiro

c) ______________________________ Março

d) ______________________________ Abril

e) ______________________________ Maio

f) ______________________________ Junho

g) ______________________________ Julho

h) ______________________________ Agosto

i) ______________________________ Setembro

j) ______________________________ Outubro

k) ______________________________ Novembro

l) ______________________________ Dezembro

ÀWỌN ÌGBÀ - ESTAÇÕES

	**ÌGBÀ OÒRÙ**	VERÃO
	**ÌGBÀ OTÚTÙ**	ÉPOCA DE FRIO, INVERNO
	**ÌGBÀ ÒJÒ**	ÉPOCA DE CHUVA
	**ÌGBÀ AFẸ́FẸ́**	ÉPOCA DE VENTOS
	**ÌGBÀ ODODO**	PRIMAVERA

12. AWỌN AṢỌ ATI ÀWỌN ÀWỌ̀ - ROUPAS E CORES

Nas religiões de matriz africana no Brasil é comum o uso de palavras em yorubá referindo-se às vestes. Assim, é importante conhecermos esse vocabulário.

Agbádá - um tipo de camisão masculino

Alaka - tecido sobre o ombro

Aṣọ-oké - pano usado para gélé

Gélé - turbante feminino

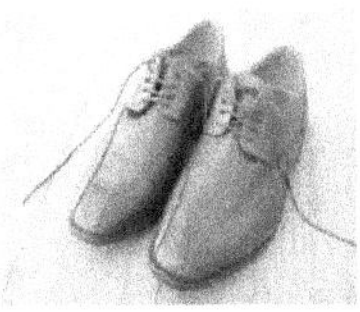

Bátá - sapato

bàtà giga - Salto alto

Filá - boné ou chapéu tradicional

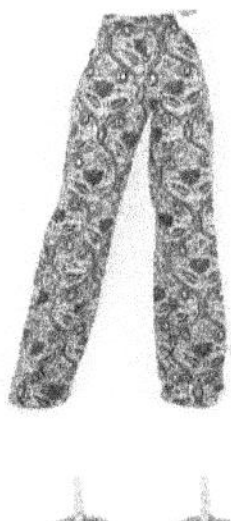

ṣòkòtò - calça

Ṣòkòtò penpe - bermuda

Ibọsẹ - meia

Detí - brinco

Ìlẹ̀kẹ̀ - pérola, jóia (usado para fio de conta porque é algo precioso)

Orùkà - Anel

Ẹ̀wù penpe - Camiseta

kaba - Vestido

Ẹ̀wù - Roupa

Aṣọ - Tecido

Bùbá - Blusa de manga comprida (masculina ou feminina)

Adaṣé 1: Dahun awọn ibeere. Responda às perguntas

Ṣe igbéyawo

Mo ṣé igbéyawo mi ni ọdún tó kọjá. Ni ọjọ́ ayeye naa èniyàn pupọ wá. Ọpọlọpọ eniyan tó wá wọ́ asọ ibilẹ, pataki julọ asọ-oké alawọ orişirişi ati bàtà gigá. Áwọn ọkunrin wọ́ ágbádá ati filà gọbi. Awọn obinrin ró ọ̀já ati pé wọn wé gélé sori. Gbogbo ẹni tó wá ni ọjọ́yẹn yáyí gán. Mo gbadún igbéyawo naa, inún mi si dún pupọ.

Casar

Eu fiz meu casamento no ano passado. No dia da festa muitas pessoas vieram. A maioria das pessoas que vieram colocaram roupas tradicionais, particularmente asọ-oké de cores diversificadas e sapato de salto alto. Os homens colocaram ágbádá e chapéu gọbi. As mulheres amararam ọja e colocaram gélé na cabeça. Todos que vieram neste dia eram bonitos. Eu gostei do casamento naquele dia e fiquei feliz.

a) Kini akọle ọrọ naa? Qual é o título do texto?

____

____

b) Nigbawo ni igbéyawo naa? Quando foi o casamento?

____

____

c) Bawo ni àwọn obinrin mura gba? Como as mulheres estavam vestidas?

d) Báwo ni àwọn ọkùnrin mura gba? Como os homens estavam vestidos?

ÀWỌN ỌRỌ̀-ÌṢE NIPA AṢỌ - Os verbos relativos às roupas

Múra

O primeiro verbo que vamos estudar é o **múra.** O verbo múra significa se vestir ou se preparar, e a formação do presente contínuo ocorrerá pela colocação do **n** antes do verbo múra.

Vejamos os exemplos abaixo:

Mo múra áwọn aso.	Eu vesti as roupas.
Mo **n**múra lati jadé .	Estou me preparando para sair.

Wọ́

O segundo verbo que vamos estudar é **wọ́** que pode significar vestir e/ou colocar. A seguir iremos apresentar algumas frases com o verbo **wọ́**, utilizando a forma do presente simples e também do presente contínuo.

Wọ́ aṣọ.	Colocar roupa.
Wọ́ ẹ̀wù.	Vestir camisa.
Mo nwọ́ ẹ̀wù ilé-iwé mi.	Eu visto meu uniforme.

Mo fẹ wọ́ bàtà mi.	Quero colocar meu sapato.
Wọ́ ìbọsẹ̀.	Colocar meia.

Bọ́

O terceiro verbo que iremos estudar é o verbo **bọ́** que significa tirar.

Bọ́ aṣọ.	Tirar roupa/ desvestir
Bọ́ bàtà ki o to wọlé.	Tire o sapato antes de entrar
Bọ́ ẹ̀wù.	Tire a camisa

Ró aṣọ

Por último temos o verbo **ró aṣọ**, cujo sentido é: "amarrar pano na cintura", também usado para a saia Yorùbá (ìró) que as mulheres enrolam ao invés de vestir. Esta prática é muito comum na cultura Yorùbá e também nos terreiros aqui no Brasil que cultuam os Orìṣà.

ÀWỌN ÀWỌ̀ - CORES

FUNFUN	BRANCA
DÚDÚ	PRETA
ÀWỌ̀ RẸSURẸSU	CINZA
PUPA	VERMELHA
PUPA RUSURUSU	AMARELA
ÀWỌ̀ OJÚ ỌRÚN	AZUL
ÀWỌ̀ EWÉ	VERDE
IRÚ ÀWỌ̀ KANÀWỌ DÚDÚ	MARROM

ÀWỌ̀ ODODO

ROSA, LILÁS E VARIAÇÕES

Adaṣé 2: Dahun awọn ibeere. Responda às perguntas

Awọn rira

Arakunrin mi jẹ olúkọ ọjọgbọn ni Ilé-ẹkọ giga ati pé yóò gba ẹbun kan. Ó ní kí ìdílé wa wá. Iyá mi dún pupọ o si pinnu pé gbogbo wa yóò ni lati ra àwọn aṣọ tuntun.
Ni ọjọbọ a yóò lọ si Ilé-iṣẹ Ilú lati ṣe rira naa.

Ni Ojobo ni ile itaja
Olutaja: Káàro iyafin, bawo ni mo ṣe le ran ọ lọwọ?
Mama: Ṣe o fẹ lati wo awọn aṣọ fun emi ati ọmọbirin mi? Ati pe aṣọ àwọ̀ rẹsurẹsu pipe ati ṣokoto dudu ati ṣẹẹti àwọ̀ ojú ọrún fun ọmọkunrin ọdun 16 kan.
Olutaja: Ṣe mo mu awọn aṣọ àwọ̀ ojú ọrún ati pupa wọnyi fun ọ? Ati fun ọmọbirin rẹ, ofeefee ati Pink.
Ọmọbinrin: Mama! Mo nifẹ ofeefee naa!
Iya: Ati emi pupa? Asọ awọn ọmọkunrin nkọ?
Olutaja: Mo ti ngbe bọ.

As compras

Meu tio é professor na Universidade e irá receber um prêmio. Ele convidou a nossa família para comparecermos. Minha mãe ficou feliz e decidiu que todos teríamos que comprar roupas novas. Na quinta-feira iremos ao Centro da Cidade para fazer as compras.

Na quinta feira na loja
Vendedora: Bom dia senhora, como eu posso lhe ajudar?
Mãe: Gostaria de ver roupas para mim e para a minha filha? E também um terno completo cinza e uma calça preta e blusa azul para um menino de 16 anos.
Vendedora: Eu trouxe para você esses vestidos azul e vermelho? E para sua filha, o amarelo e o rosa.

Awọn iṣẹju diẹ lẹhin
Olutaja: Sé awọn wa?
Mama: Oda! Sé ki a mu àwọn aṣọ wọnyi ati áwọn aṣọ ofeefee ati pupa yi.
Olutaja: Bawo ni ẹ fẹ sanwo gba?
Mama: Pẹlu owo.
Olutaja: Oda. Eyi ni iyokù owo ati áwọn aṣọ. Ẹ ṣéun pupọ.
Mama: Ko topẹ. O dabọ

Filha: Mãe amei o amarelo!
Mãe: E eu o vermelho? E as roupas dos meninos?
Vendedora: Já estou trazendo.

Alguns minutos depois
Vendedora: Aqui estão?
Mãe: Ótimo! Iremos levar essas roupas e os vestidos amarelo e vermelho.
Vendedora: Qual será a forma de pagamento?
Mãe: Em dinheiro.
Vendedora: Ótimo. Aqui está o troco e as roupas. Muito obrigada.
Mãe: Por nada. Tchau

a) Kini akọle ọrọ naa? Qual é o título do texto?

b) Kini koko ọrọ naa? Qual é o assunto do texto?

c) Tani awọn ohún kikọ? Quem são os personagens envolvidos?

d) Nibo ni wọn ti ra àwọn aṣọ? Onde eles compram as roupas?

e) Kini wọn ra? e) O que compraram?

13. **ÀṢELÉ** - ADVÉRBIOS

De lugar

Ọ̀TUN - direita

AARÍN - meio

ÒSÌ - esquerda

INÚ - dentro

ÌSÀLẸ̀ - embaixo

Ẹ̀GBẸ́ - ao lado

IWÁJÚ - na frente

Ẹ̀YÌN - atrás

ÉRI - sobre
PỌ - junto
ABẸ́ - sob
ÒKÈ - em cima
NÍBÍ, IBÍ - aqui
NÍBẸ̀, IBẸ̀ - ali, lá

Àpẹẹrẹ - exemplo:

Mo wà ni ìsàlẹ̀. Eu estou em baixo.

Yà si ọtún. Vire para a direta.
Mo wà ni inú iyàrá. Estou no quarto. (dentro do quarto)
Joko si éri iján. Sente na cadeira.

De tempo

ÒNÍ	Hoje
Ọ̀LÁ	Amanhã
ÀNÁ	Ontem
NÍSISÌYÍ	Agora
NÍGBÀMÍRÀN	Às vezes
AGBÁRA-KÁKÁ	Raramente
ALẸ́ YÌÍ	Esta noite
LÁÌPẸ́	Logo
LAE	Nunca
NÍGBÀGBOGBO	Sempre
BẸ́Ẹ̀KỌ́-LAE	Jamais
GBOGBO Ọ̀SẸ̀	Toda semana

De modo

DÁRADÁRA, RERE	Bem
TÈTÈ	Depressa
KÍÁKÍÁ	Rapidamente
YỌ KẸLẸ	Lentamente
KU DIẸ	Quase
WÉLÉWÉLÉ	Habitualmente
PẸLẸ̀	Devagar
BÚBURÚ	Mal

Awọn àpẹẹrẹ - exemplos:

Mo nṣiṣẹ́nigbagbogbo. Eu trabalho sempre
Rìn pẹlẹ ! Ande devagar
Rìn kiakia ! Ande rápido

Adaṣé 1: Parí pẹlu ipò ti o tọ́. Complete com a posição correta.

1-Nibo ni ehoro **náà** wà ? Onde está o coelho?

Ehoro náà wà ni _______________ àpò. O coelho está na frente da bolsa.

2- Mo ngbé _______________ ilé àkàrà. Eu moro atrás da padaria.

3- Ó wà ni ilú ______________ loni. Ela está no centro da cidade hoje.
4- A wà________________ igi náà. Estamos ao lado da árvore.
5- Jọ̀wọ́, gbà ife náà_____________ tabili? Por favor, pega o copo em cima da mesa?
6- Nibo ni ki nyà si? __________ tabi __________? Onde eu viro? Direita ou esquerda?
7- Ó wà _________ìyá rẹ́. Ele está junto à mãe dele.
8- O ngbé ni __________________ ọkàn mi! Você mora no meu coração!

Adaṣé 2: Pari pẹlu àwọn àṣelé to din. Complete com o advérbio que está faltando

1- Wá _______! Venha aqui!

2- Ọ̀gẹ̀dẹ̀ wà lori __________ pẹpẹlé náà. A banana está em cima da prateleira.

3- Wọn wá _______! Elas vieram juntas!

4- Ṣe ìyá rẹ nbọ̀ ni___________? Sua mãe vem amanhã?

5- Mo nrò pé Ana yoo wá____________. Acho que a Ana virá logo.

6- Àbúrò mi __________ jẹ ẹja. Meu irmão mais novo nunca come peixe.

7- Mo máa _______jí! Eu acordo cedo!

8- Ó là ẹnu rẹ́___________. Ela abriu a boca lentamente.

9- Ijápá máa rín______________. O jabuti anda devagar.

10- Ó _______ ki bàbá mi ṣubú! Meu pai quase caiu!

14. AWỌN ARA ẸBÍ ATI BAWO NI A NṢAFIHAN ARA ẸNI - A FAMÍLIA E COMO SE APRESENTAR

14.1 - AWỌN ARA ẸBÍ - PESSOAS DA FAMÍLIA

Na cultura Yorùbá a família tem grande importância, especialmente por causa da ancestralidade, que é fundamento da religião Yorùbá, e também está presente em outras etnias africanas.

De acordo com o pertencimento à determinada família, os seus ancestrais remontam aos deuses, daí a força dessa religiosidade, cuja extensão chega ao nosso país Brasil, com os africanos trazidos como escravos.

OBSERVAÇÃO: antes do século XIX, ou seja, antes da colonização, muitas palavras Yorubá não tinham gênero, porque o mais importante nessa é a idade, mas depois da colonização diversas palavras identificando o gênero apareceram na cultura Yorubá.

bàbá	Pai	ọmọ ọwọ́	criança de colo, bebê
ìyá	Mãe	ọmọkùnrin	Menino
ọmọ	filho/a	ọmọbìnrin	Menina
arakùnrin	Irmão	ọkùnrin	Homem
arabìnrin	Irmã	obìnrin	Mulher
ẹ̀gbọ́n	irmão/irmã mais velho/a	baba-baba	avô paterno
àbúrò	irmão/irmã mais novo/a	baba-ìyá	avô materno
ọkọ	Marido	ìyá-ìyá	avó materna
ìyáwó	Esposa	ìyá-bàbá	avó paterna

Adaṣé 1: Dahun awọn ibeere. Responda às perguntas

Orúkọ mi ni Adisa. Omo ọdún mẹrinla ni mi, mo si ngbe ni Cotonou. Adígun ni bàbá mi, ìyá mi sì njẹ Amope. Mo tún ni arakùnrin kan ati arabìnrin kan. Orúkọ arakùnrin mi ni Àjàní ati arabìnrin mi ni Atunke. Bàbá mi jẹ́ oníṣòwò, ìyá mi sì jẹ́ olùkọ́. Mo nifẹ lati gba bọọlu gaan ati arabinrin mi nifẹ lati gun igi. Ni ọsẹ ti n bọ àwọn obi obi mi nbọ lati ṣabẹwo	Meu nome é Adisa. Eu tenho 14 anos, moro em Cotonou. Meu pai se chama Adígun e minha mãe se chama Amope. Eu também tenho um irmão e uma irmã. O nome do meu irmão é Àjàní e a minha irmã se chama Atunke. Meu pai é comerciante e minha mãe é professora. Eu gosto muito de jogar futebol e a minha irmã gosta de subir em árvores. Na semana que vem meus avós maternos vem nos visitar. Meu avó materno se chama Abiọla e a minha avó se

wa. Abiọla ni baba iyá mi, ti iyá iyá mi ni Ayọbamide. Wọn n gbe ni Porto Novo, àwọn aburo iyá mi naa ngbe ni Porto Novo. Àwọn obi bàbá mi nrin irin ajo.

chama Ayọbamide. Eles moram em Porto Novo, meus tios também moram em Porto Novo. Meus avós paternos estão viajando.

a) Nibo ni Adiṣa ngbe? Onde Adisa mora?

b) Ọmọ ọdún melo ni? Quantos anos ele tem?

c) Kini orùkọ baba ati iyá rẹ? Qual é o nome do pai e da mãe dele?

d) Arakùnrin melo ni Adisa ni? Kini orúkọ wọn? Quantos irmãos Adisa tem? Quais os nomes deles?

e) Kini Adisa fẹran lati ṣe? O que Adisa gosta de fazer?

Adaṣé 2: Wo àwóràn isalẹ ki o tọka orúkọ awọn ara ẹbi. Veja a imagem abaixo e indique o nome dos membros da família.

a) 	

 b)	

 c)	

14.2 -BAWO NI O LE ṢAFIHAN ARA RẸ - COMO SE APRESENTAR

Tanto para se apresentar como para conhecer alguém algumas perguntas são essenciais e, por isso, é importante conhecermos os pronomes interrogativos na língua yorubá, veja o quadro abaixo e em seguida as questões que podem ser feitas a partir deles.

Ibere arọpò orúkọ	**Pronomes Interrogativos**
Kini?	O que?
Tani?	Quem?

Bi/ bawo?	Como?
Nigbawo?	Quando?
Nitori?	Por quê?
Nitori kini.	Porque (Usado na resposta)
Nibo?	Onde?
Melo ni?	Quantos?

Kini orúkọ rẹ? — Qual é seu nome?
Orúkọ mi ni Lucas. — Meu nome é Lucas.

Bawo ni o ma njẹ? — Como você se chama?
Mo ma njẹ Lucas. — Eu me chamo Lucas.

Nibo ni wọn ti bí ẹ? — Onde você nasceu?
Wọn bí mi ni Salvador. — Eu nasci em Salvador.

Ọdún mélo loni? — Quanto anos você tem?
Mo ní ọdún 24. — Eu tenho 24 anos.

Ibó loti wá? — De onde você é?
Mo wà lati Brasil. — Eu sou do Brasil.

Ṣé o ti ní ọkọ ? — Você é casada?
Ṣe o ti ní ìyàwó ? — Você está casado?

Mo ti ní ọkọ / íyàwó. — Eu tenho marido/ esposa.

Ṣé o ní ọmọ ni? — Você tem filhos?
Mo ní ọmọ 2. — Eu tenho dois filhos.

Kini iṣẹ́rẹ? — Qual é a sua profissão?
Mo jẹ́ akẹkọ. — Eu sou um estudante.

Ṣé o ní arákùnrin ? Você tem irmãos?
Mo ní arákùnrin 2. Eu tenho dois irmãos.

Nibo ni o ngbé? Onde você mora?
Mo ngbé ni Rio de janeiro. Eu moro no Rio de Janeiro

Kini o fẹran lati ṣé ? O que você gosta de fazer?
Mo fẹran lati kawé, lati kọrin ati lati jó. Eu gosto de ler, cantar e dançar.

Adaṣé 3: Dahun awọn ibeere. Responda às perguntas

a) Kini orúkọ rẹ? Qual é o seu nome?

b) Kini orúkọ iyá rẹ? Qual é o nome da sua mãe?

c) Kini orúkọ baba yin? Qual é o nome do seu pai?

d) Ṣe o ni àwọn arakunrin? Tó bá rí bẹ̀ẹ̀, kí ni orúkọ wọn? Você tem irmãos? Se tiver, qual é o nome deles?

e) Ṣe o ni àwọn obi obi? Kini orúkọ wọn? Você tem avós? Qual o nome deles?

Adaṣé 4: Ṣafihan ẹbí rẹ ninún ilà 5. Apresente sua família em 5 linhas

Adaṣé 5: Ṣafihan ara rẹ ki o sọ nkán mẹrin ti o fẹran lati ṣé si inún ilà mẹwa. Apresente-se e fale quatro coisas que você gosta de fazer em 10 linhas.

15. ÀWỌN AJẸDÍFÙ - ADJETIVOS

Adjetivos são palavras que atribuem características aos substantivos, ou seja, indicam suas qualidades e estados. Variam em gênero (feminino e masculino), número (singular e plural) e grau (comparativo e superlativo).

15.1 - ABO TABI AKỌ - FEMININO E MASCULINO

Como já afirmamos antes, gênero só aparece com força na cultura Yorubá depois do século XIX com a colonização britânica em terras Yorubá. Para uma pessoa yorubá que vive nos campos e não nas cidades, é preciso explicar certos adjetivos de gênero, porque essa pessoa não entende o porquê de se destacar o gênero e não a senioridade da pessoa, por exemplo.[8]

ỌKÙNRIN - homem
OBÌNRIN - mulher

AKỌ - macho
ABO - fêmea

Repare que ỌKÙNRIN e OBÌNRIN (masculino e feminino) são colocados após os substantivos, mas AKỌ e ABO (macho e fêmea) são posicionados à frente dos substantivos.

Àwọn àpẹẹrẹ - exemplos:
Òrìṣà ọkùnrin - Orixá masculino
bàtà obìnrin - sapato feminino

---

[8] Para entender melhor, sugerimos "A invenção das mulheres", Oyèrónkẹ́ Oyéwùmí

akọ ejò – cobra macho

abo ejò – cobra fêmea

Há palavras que já definem o gênero:

ADÌẸ - galinha
ÀKÙKỌ – galo
ÀGBÒ – carneiro
ÀGÙTÀN - ovelha

ÌYÁ – mãe
BÀBÁ - pai

Adaşé 1: Tùmọ́ awọn gbolohun ọ̀rọ̀ wọnyin. Traduza as frases seguintes.

1. Akọ pẹ́pẹ́iyẹ náà fo sí igbo.
2. Mo lọ si ilé ìyá mi.
3. Ó fún Ana ni batà ọkunrin!!!
4. A ní olùkọ́ obìnrin meje.
5. Abọ kìnìún ntọ́jú àwọn ọmọ.
6. Ṣe o rí akọ àgùfọ́n náà? Mo nro pé ó jẹ akọ.

15.2 - ỌPỌ́ ỌRỌ̀ - PLURAL

Em Yoruba o plural é feito

. usando a palavra **ÀWỌN** antes do substantivo
. usando números depois dos substantivos
. usando palavras que já sejam plural
. usando palavras que expressam quantidade

Àwọn àpẹẹrẹ - exemplos:

IWÉ

ÀWỌN IWÉ - livros

ÀGBÒ

ÀGBÒ MẸTÁ – três carneiros

FỌ̀ ỌWỌ - lavar as mãos

GBOGBO TABILI – todas as mesas

ỌPỌ̀LỌPỌ̀ ẸNI – muitas pessoas

Adaṣé 2: Parí pẹlu awọn ọ̀pọ́ ọ̀rọ̀ ti o tọ́. Complete com o plural correto.

SUBSTANTIVO	PLURAL	TRADUÇÃO
ÌWÉ	awọn ìwé	Livros
ORUKÁ		
BỌỌLU		Todas as bolas

KẸKẸ́		
ÀGA		
IKỌWÉ		
OKÚN		Quatro cordas
KỌ́KỌ́RỌ́		
ODODO		Muitas flores
ÌRÀWỌ̀		Todas as estrelas
Ọ̀BẸ		
SÁLÚBÀTÀ		Muitos chinelos
GBÓLÓHÙN		
ILẸKẸ		
ÀBÁ		10 ideias
FILÁ		
ỌSÀN		Doze laranjas
ẸYIN		
ABỌ̀		70 pratos
ÌTA		
ẸJA		

Adaṣé 3: Yi awọn ọ̀rọ̀ afihan pada si ọ̀pọ́ . Passe as palavras em destaque para o plural.

1. Ilé mi dára. Minha casa é linda.
2. Mo ní ìwé kan. Eu tenho um livro
3. Ó rà bàtà fun ọmọ rẹ́. Ela comprou sapato para seu filho.
4. Ajá náà kò fẹ́ràn ológbò náà. O cachorro não gosta do gato.
5. Ilé-ìwé ní àga. A escola tem cadeira.
6. A ní kẹ̀kẹ̀. Nós temos bicicleta.
7. Mo rí ẹṣin ni oko. Eu vi cavalo na fazenda.
8. Fúnkẹ́ ní fila pupa. Fúnkẹ́ tem chapéu vermelho.
9. A fún ìyá wa oruka kan. Nós demos um anel para nossa mãe.
10. Maria ní ológbò. Maria tem gato.

15.3 - IYÌ - GRAU

Os graus podem ser **IYÌ ÁFIWÉ** - comparativos (igualdade, superioridade e inferioridade) e **IYÌ IDÁRAJÙ** ati **KÍKÉRE JÚ** - superlativos (superioridade e inferioridade).

COMPARATIVO DE IGUALDADE: **BI** (como) e **GẸGẸ BI** (exatamente)

Ilé-Ọlọ́run tóbi BI tirẹ̀. Nossa igreja é grande como a dele.

Róboto ni osùpa GẸGẸ BI Òrún. A lua é exatamente redonda como o sol.

COMPARATIVO DE SUPERIORIDADE: **JÙ...LỌ** (mais do que)

Mo gun JÙ ẹ LỌ. Eu sou mais alto que você.

Lekeléke funfun JÙ pẹ́pẹiyẹ LỌ. A garça é mais branca que o pato.

COMPARATIVO DE INFERIORIDADE: **KÒ...TÓ** (menos/menor que)

Ekelenje KÒ tóbi TÓ ẹlẹgungùn. A lagartixa é menor do que o jacaré.

Ajá KÒ gbó TÓ kọ̀lọ̀kọlọ. O cachorro é menos sabido que a raposa.

SUPERLATIVO DE SUPERIORIDADE: **JÙ GBOGBO...LỌ** (mais do que todos)

Ajá yi gọ̀ JÙ GBOGBO wọn LỌ. Este cachorro é o mais bobo de todos.

SUPERLATIVO DE INFERIORIDADE: **KÒ...JÙLỌ** (não é o maior/melhor)

Gúlosọ KÒ ni ọgbọ́n JÙLỌ láàrin gbogbo àwọn ẹranko. A toupeira não é a mais inteligente entre todos os animais.

EXTREMAMENTE: usado no fim das frases : **TÀN ; JAI**
Ọkùnrin yi jẹ ipanilẹ̀rin JAI. Este homem é extremamente engraçado.

Adaṣé 4: Sọ awọn ọ̀rọ̀ pọ̀. Relacione as colunas

1. Irun rẹ jẹ dúdú …….. tèmi. Seu cabelo é preto como o meu.	( ) jù - lọ
2. Obìnrin yi rẹwa ….. Essa mulher é extremamente linda.	( ) kò - jùlọ
3. Ọkọ ayọkẹlẹ tobi ….. kẹ̀kẹ̀ …… O carro é maior que a bicicleta.	( ) bi
4. Ajá mi funfun …….. tirẹ. Meu cachorro é branco exatamente como o seu.	( ) jù - lọ
5. Tunde …… lọgbọn….. Ana. Tunde é menos inteligente que a Ana.	( ) jai
6. Obínrin ní lọ́fìndà ………. gbogbo ododo...A mulher tem mais perfume que todas as flores.	( ) kò - tó
7. Yoruba …. jẹ èdè ti wọn nsọ̀ … ni Brasil. O Yoruba é a língua menos falada no Brasil.	( ) gẹgẹ bi

ADJETIVO QUANTITATIVO INDEFINIDO: não sabemos a quantidade exata

PÚPỌ	Muitos	GBOGBO	Todos
ỌPỌLỌPỌ	Numerosos	MÉLÓKAN	Poucos
ỌKAN NÍNU MÉJI	Um dos dois	ÒNIRÀN	Outro
DÍẸ	Pouco	OLÚKULÚKU	Cada
DÍẸ KAN	Algum, um pouco	ONÍRÙÚRÚ	Vários

Wọn ní olùkọ PÚPỌ. Eles têm muitos professores
Fun mi ni àkàrà DIẸ. Para mim um pouco de acarajé
Mo rí ìwé ỌPỌLỌPỌ ni ori pẹpẹ. Eu vi numerosos livros na estante

15.4 - AJẸDÍFÙ - ADJETIVOS QUALIFICATIVOS

Em Yoruba os adjetivos que qualificam o substantivo têm duas formas, verbo e substantivo.

VERBO		SUBSTANTIVO	
Tuntun	ser novo	Tuntun	Novo
Tobi	ser grande	Titobi	Grande
Kuru	ser baixo	Kukuru	Baixinho

Gùn	ser longo, comprido	Gígùn	Longo
Gá	ser alto	Gigá	Alto
Rẹwá	ser lindo	Elẹwa	Lindo
Kóró	ser amargo	Kikóró	Amargo
Dún	ser doce/gostoso	Dundun	Doce/gostoso
Kéré	ser pequeno	Kékéré	Pequeno
Mọ́	ser limpo	Mimọ́	Limpo
Dọti	ser sujo	Didọti	Sujo
Bàjẹ	estar estragado	Bibàjẹ	Estragado

Àwọn àpẹẹrẹ - exemplos:

Mo rá ilé tuntun kan. Comprei uma casa nova.

Mo ní ọkàn mimọ. Eu tenho um coração limpo.

Os adjetivos em yorubá têm a função de verbo quando estão posicionados logo depois do sujeito.

Àwọn àpẹẹrẹ - exemplos:

Ilé mi tuntun. Minha casa é nova

Mo kéré. Eu sou pequeno

Adaṣé 5: Sọ awọn ọ̀rọ̀ pọ̀. Relacione as colunas

1) Fun mi ni burẹdi ……… kan. Me dê um pão grande. ( ) rẹwá

2) Burẹdi yii ………Esse pão é grande. ( ) tobi

3) Ajá mi ……Meu cachorro é lindo ( ) titobi

4) O ní ……..ajá kan. Ela tem um cachorro lindo ( ) elẹwa

16. ILÉ - A CASA

16.1 - AWỌN ẸYÀ ILÉ - PARTES DA CASA

Ilé Afirika ni àwọn eroja kanna bi ilé Brazil: Ọdẹdẹ, awọn yàrá, ilé àdáná, balùwẹ, ifọṣọ ati ọgba. Wọn ní awọn ilé ati awọn iyẹwu, àkọsílẹ awọn ilé, awọn ilé gbangba. A yoo ṣe ayẹwo ọrọ yii ni ori ipin yii.

Uma casa africana possui os mesmos elementos que uma casa brasileira: sala, quartos, cozinha, banheiro, lavanderia e jardim. Existem casas e apartamentos, prédios, prédios públicos. Vamos estudar esse assunto neste capítulo.

Ọ̀dẹ̀dẹ̀ – Sala	Yàrá = Ìyàrá = Yàrá ìbúsún - Quarto de dormir
Balùwẹ - Banheiro (box e vaso sanitário) Ilé igbọnsẹ - Banheiro (somente com vaso sanitário)	Ilé ìdáná - Cozinha
Ifọṣọ -lavanderia	Ọgbà ọkọ̀ - garagem
Ọgbà - Jardim/ Quintal	Yàrá igbafẹ - sala para lazer

Adaşé 1: Wo aworan ni isalẹ ki o kọ orukọ awọn ẹya ti ile naa. Veja a imagem abaixo e escreva o nome das partes da casa.

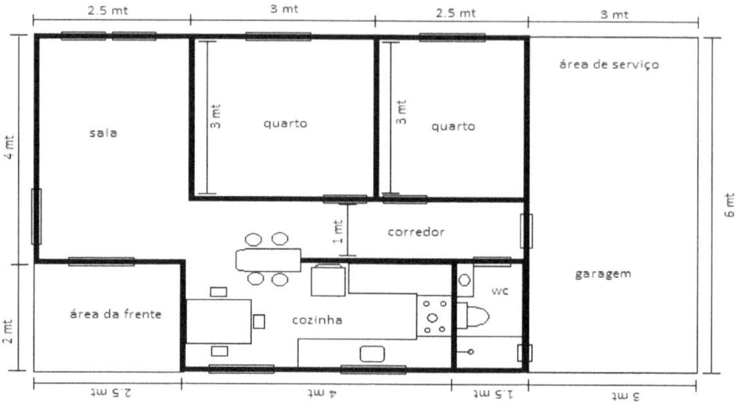

Adaşé 2: Fi lẹta naa si ibi ti o tọ ninu ile naa. Coloque a letra no lugar correto da casa

(A) Balùwẹ; (B) Ilé ìdáná; (C) Yàrá igbafẹ; (D) Ilé igbọnsẹ; (E) Ifọṣọ; (F) Yàrá ìbùsùn; (G) Ọgba

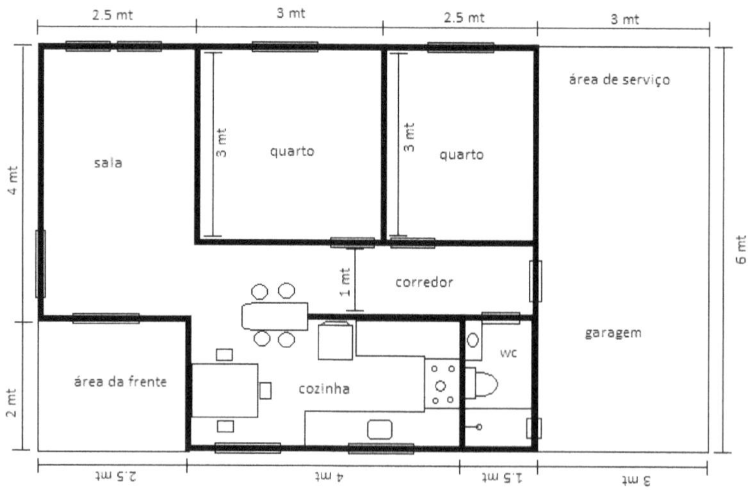

Adaşé 3: Pari awọn gbolohun ọrọ yi. Complete as frases.

a) Mo nsún ninu ____________________.
b) Mo nṣe ounjẹ naa ____________________.
c)Mo nwo tẹlifisiọnu lori ____________________ tabi ____________________.
d) Mo n wẹ ni ____________________.
e) Mo ni awọn eweko ni ____________________.
f) Aja mi n ṣere ni ____________________.

a) Eu durmo no____________.
b) Eu faço a comida na ______.
c) Eu vejo televisão na_____ ou no________.
d) Eu tomo banho no ________
e) Eu tenho plantas no _______.
f) Meu cachorro brinca no_____.

16.2 - ỌRỌ ÌṢE - VERBOS

Iremos aprender alguns verbos que marcam a rotina da casa, como dormir, tomar banho, lavar roupa, varrer a casa.

° **Sún** -dormir
Mo sún ninu yara mi. Eu durmo no meu quarto.
Mo sún lori ibusun mi. Eu durmo na minha cama.

° **Wẹ** - tomar banho
O wẹ loni. Você tomou banho hoje.
Wẹwẹ dara pupọ. Tomar banho é muito bom.

° **Fọ** - lavar
Iyá mi ma fọ aṣọ nigbagbogbo. Minha mãe sempre lava roupa.
Won n fọ aṣọ. Eles estão lavando roupa.

° **Gbá** - varrer, limpar

Bàbá mi gbá yara naa. Meu pai limpou a sala.

Arabinrin mi n gbá ilé naa. Minha irmã está varrendo a casa.

Adaṣé 4: Pari awọn gbolohun ọrọ pẹlu awọn ọrọ ìṣe:

a) Iyá mi__________________ ilé lojoojumọ.
b) Àbúrò mi máa ____________aṣọ lẹ́ẹ̀mejì lọ́sẹ̀.
c) Bàbá bàbá mi kì í ________________ dáadáa.
d) Àbúrò mi kò feràn láti __________________.
e) Mi o feran lati______________________ ilé.

Complete as frases com os ve

a) Minha mãe ____________ casa todos os dias.
b) Meu tio _____ as roupas d vezes na semana.
c) Meu avô paterno não ________________ bem.
d) Meu irmão mais novo não gosta de _________.
e) Eu não gosto de ____________________ a ca

16.3 - AWỌN NKAN TI ILÉ - OBJETOS DA CASA

Existem vários objetos que fazem parte de uma casa, é necessário conhecermos os nomes deles na língua Yorùbá.

Ìlẹ̀kùn - porta

Fèrèsé - janela

Àga - cadeira

Ìbùsùn - cama

Ẹ̀rọ omi-
chuveiro

Ìrọrí -
travesseiro

Dígí -
espelho

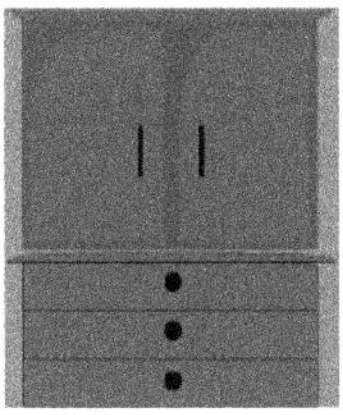

Apoti aṣọ -
guarda roupa

Ìgbálẹ̀ -
vassoura

Ìkólẹ̀ - pá

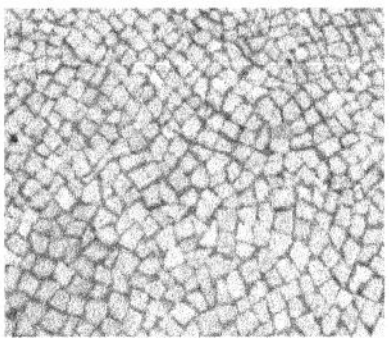

Ilẹ̀ - chão

igbọnsẹ

Adaṣé 5: Kọ orùkọ awọn nkan ni isalẹ. Escreva o nome dos objetos abaixo.

a) 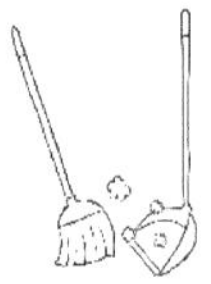 ______________________________

b) 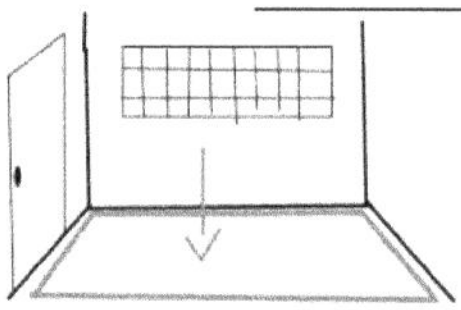 ________________________

c) 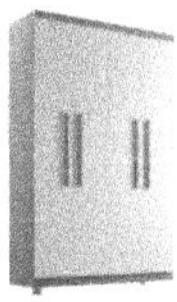 ____________________

d)  __________________________

e) 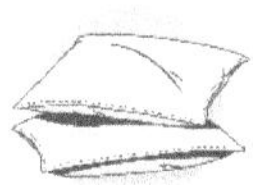 _________________________

f)  __________________________

g)  ________________________________

h) 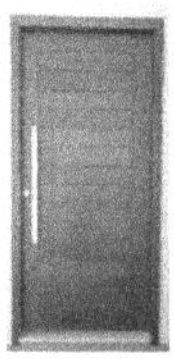 _______________________________

i)  ________________________________

17. ỌRỌ̀-ÌṢE PÀTÀKÌ ATI AYÈ - VERBOS ESPECIAIS E LUGARES

São verbos que não podem ser conjugados com o N (gerúndio e presente) na frente porque perdem o sentido, ou seja, estão sempre escritos da mesma forma do infinitivo.

FẸ́ - Verbo querer	WÀ - Verbo estar
Mo fẹ́	Mo wà
O fẹ́	O wà
Ó fẹ́	Ó wà
A fẹ́	A wà
Ẹ fẹ́	Ẹ wà
Wọn fẹ́	Wọn wà
FẸ́RÀN - Verbo gostar	**NÍ - Verbo ter**
Mo fẹ́ràn	Mo ní
O fẹ́ràn	O ní
Ó fẹ́ràn	Ó ní
A fẹ́ràn	A ní
Ẹ fẹ́ràn	Ẹ ní
Wọn fẹ́ràn	Wọn ní
JẸ́ - Verbo ser	**YÉ - Verbo entender**
Mo jẹ́	O Yé mi
O jẹ́	O Yé ẹ
Ó jẹ́	O Yé
A jẹ́	O Yé wa
Ẹ jẹ́	O Yé yin
Wọn jẹ́	O Yé wọn

Adaṣé 1: Kọ awọn gbolohun ọ̀rọ̀ ni báyí. Escreva as frases no presente.

1-Ọmọkùnrin naa (lọ́) si ilé-iwé. O menino vai para a escola

2-Bawo ni o ma (jẹ)? Como você se chama?

3-Mo (fẹ́) ṣuga. Eu quero açúcar

4-Ṣe o ma (mú) tii ? Você bebe chá?

5-Ṣé ọrẹ rẹ má (lú) duru? Seu amigo toca piano?

6-Kini o (ṣe) ? O que você está fazendo?

7-Wọn (wọ̀) ẹwú. Eles estão vestindo camisa.

8-A (fọ) aṣọ wa. Nós lavamos nossa roupa

9- Ki lodé ti o (sunkún)? Por que você está chorando?

10- Ẹ (sè) ẹwa ati iṣú. Eles estão cozinhando feijão e inhame

11-Nitori kini ẹ tété (lọ̀) loni? Por que vocês estão indo cedo hoje?

12- Bàbá mi (kọ̀) ilé. Meu pai está construindo uma casa

13- Abúro mi (bó) alúbọsa. Meu irmão mais novo está descascando cebola

14- A (padé) eniyán pupọ loni. Nós estamos encontrando muita gente hoje

15- Bàbá mi ati iyá mi (sọ̀rọ̀). Meu pai e minha mãe estão conversando

Alguns verbos em Yorùbá são compostos de duas palavras, e muitas vezes usados separadamente.

Àwọn àpẹẹrẹ - exemplos:

BÀJẸ́ - estragar
O **ba** orukọ mi **jẹ́**! - Você difamou meu nome
Àkàrà oyinbo ti **bajẹ́**. - O bolo está estragado

BẸ̀WÒ - visitar
A **bẹ̀** awọn obi obi wa **wò**. - Nós visitamos nossos avós.Ó **bẹ̀** wa **wò**. - Ela os visitou.

FIPAMỌ́ - economizar, guardar dinheiro
A **fi** owó diẹ **pamọ́**. - Nós guardamos um pouco de dinheiro.

ÀWỌN AYÈ – LUGARES

ILÉ IDARAYA - ACADEMIA DE GINÁSTICA	**PAPA ỌKỌ OFURUFU** - AEROPORTO
ILÉ ÌFỌWÓPAMỌ́ - BANCO	**ILÉ IKÀWÉ** - BIBLIOTECA
ARIN-ILÚ - CENTRO DA CIDADE	**ÒFÚRUFÚ** - CÉU
SINIMA - CINEMA	**ILÉ-ÌWÒSÀN** - CONSULTÓRIO MÉDICO
AṢÁLẸ̀ - DESERTO	**ILÉ-ÌWÉ** - ESCOLA
ILÉ IṢẸ́ - ESCRITÓRIO	**ÀGBÀLÁ** - ESTACIONAMENTO
ÌRÀWỌ̀ - ESTRELA	**IGBÓ** - FLORESTA
ILÉ-ÌWÒSÀN - HOSPITAL	**Ọ̀SÀ** - LAGOA
ÒṢÙPÁ – LUA	**ÒKÚN** - MAR
ÒKÈ - MONTANHA	**ỌGBÁ-ÌṢERÉ** - PARQUE
ITA (nome da praça) - PRAÇA	**ETÍ ÒKÚN** - PRAIA
ILÉ-OUNJẸ – RESTAURANTE, LANCHONETE	**ODÒ** - RIO
OÒRÙN – SOL	**ILẸ̀** - TERRA
YUNIFASITI / ILÉ ẸKỌ NLA – UNIVERSIDADE	**ITAJÁ** - COMÉRCIO, LOJA

18. ṢE KÍ A MÁ FI ÈDÈ YORUBÁ ṢE ? VAMOS PRATICAR A LÍNGUA YORUBA?

a)Ibewo Adisa	A visita de Adissa
Adisa jẹ̀ ọ̀rẹ mi lati kékéré. Ó dé lati ilú oyinbo lati wá wo mi. Adisa ní aṣá pupọ ti ko jọ awọn aṣá wa nibi. Adisa jẹ̀ ẹni tó fẹran lati jadé, lati ṣéré pupọ, ati lati lọ́ si sinima. Emi naa fẹran gbogbo awọn nkan ti Adisa fẹran sugbọn lati ọjọ ti mo ti ṣé igbéyawo, mi ko jadé má nitori pé iyàwó mi ko nifẹ si. A ti ní ọmọbinrin kán ati pé mo ti ṣé iléri fun iyawo mi pé mi yoo ma mú inú rẹ̀ dún nigbagbogbo. Mi yoo ṣalayé fun Adisa, o si dami loju pé yoo yé. Ọ̀rẹ mi ni, mo fẹran ẹ púpọ sugbọn mo ti ní iyawo nisin ati pé gbogbo nkan ti yatọ.	Adissa é meu amigo desde criança. Ele voltou da Europa para me visitar. Adissa tem costumes que não parecem os nossos costumes daqui. Adissa é alguém que gosta de sair, de brincar muito e de ir ao cinema. Eu também gosto de tudo o que Adissa gosta mas desde que eu me casei eu não saio mais porque minha esposa não gosta. Temos uma filha e prometi à minha esposa que sempre a farei feliz. Eu vou explicar a Adissa, e tenho certeza que ele vai entender. Ele é meu amigo, eu gosto muito dele, mas eu já estou casado e tudo está diferente.

1- Lati igbawo ni arosọ naa ati Adisa jẹ́ ọ̀rẹ ? Desde quando o narrador e Adissa são amigos?

2- Sọ die nipa awọn aṣá Adisa. Fale um pouco sobre os costumes de Adissa.

3- Nitori kini ọre Adisa kò lé ṣé gbogbo nkan ti Adisa fẹran lati ṣé má ? Por que o amigo de Adissa não pode fazer tudo o que Adissa gosta de fazer?

4- Kini iléri ti ọrẹ Adisa ṣé fun iyawo rẹ̀ ? Qual foi a promessa que o amigo de Adissa fez à esposa?

b) Tani ẹ?	Quem é você?
Orúkọ mi ni Victor. Mo jẹ́ ọmọ idilé Araújo ati pé mo ní ọdún 24. Akẹkọ ni mi. Orúkọ yunifasiti mi ni UFF. Wọn bí mi ni ilẹ-ede Naijiria, ṣugbọn ọmọ ilú Brasil ni mi. Mi kò ti ní iyawo ati ọmọ. Mo ní abúro méji, obinrin kan ati ọkunrin kan. Orúkọ awọn abúro mi ni Julia ati Lucas. Ni bayi, mo ngbé ni Niterói ni São Domingos ni Brazil. Mo fẹran lati kawé, lati gbá bọọlu afẹsẹgba, lati gbọ orín ati lati jó.	Meu nome é Victor. Eu sou da família Araújo e eu tenho 24 anos. Eu sou estudante. O nome da minha universidade é Uff. nasci na Nigéria, mas eu sou do Brasil. Eu não tenho esposa nem filhos. Eu tenho dois irmãos, uma menina e um menino. Os nomes dos meus irmãos são Júlia e Lucas. No momento eu moro em Niterói em São Domingos no Brasil. Eu gosto de estudar, de jogar futebol, de escutar música e de dançar.

1. Kini akọle ọrọ naa? Qual é o título do texto?
2. Tani akọkọ ohun kikọ? Quem é o personagem principal?
3. Ọmọ odun melo ni? Quantos anos ele tem?
4.Kí ló ń ṣe? O que ele faz?

5.Ibo ni wọ́n ti bí i? Onde ele nasceu?

6. Melo ẹgbọn ó ni? Quantos irmãos ele tem?

7.Kíni orúkọ àwọn arákùnrin rẹ? Quais são os nomes de seus irmãos?

8.Kini Victor fẹran lati ṣe? O que Víctor gosta de fazer?

c) Ẹbi kan	Uma família
Orukọ mi ni Ayọbamide. Mo ni ọdun mẹtala. Mo nifẹ ẹbi mi. Orile-ede mi ni Benin. Bàbá mi jẹ yoruba. Akanmu ni orukọ rẹ. O ni ọdun mẹjilelogoji Iyá mi naa jẹ yorubá. Aṣakẹ ni orukọ rẹ. O ni ọdun mẹjidinlogoji. Mo ni aburọ mẹta. Ajikẹ, Amọpe ati Abẹgbe ni orukọ wọn. Ajikẹ ni ogun ọdun. Amọpe ni ọdun merindinlogun. Abẹgbe ni ọdun mẹwa. A fẹ ṣe irin ajo ni oṣu ti nbọ. Ebi wa yoo lọ si eti okun ni Cotonou. A yoo wá papọ fun oṣu mẹta.	Meu nome é Ayobamide. Eu tenho treze anos de idade. Eu amo minha família. Meu país é Benin. Meu pai é iorubá. O nome dele é Akanmu. Ele tem quarenta e dois anos, minha mãe também é iorubá. Seu nome é Aṣakẹ . Ela tem trinta e oito anos. Eu tenho três irmãos. Ajike, Amope e Abegbe são seus nomes. Ajike tem vinte anos. Amọpe tem dezesseis anos. Abẹgbe tem dez anos. Nós queremos viajar mês que vem. Nossa família irá à praia em Cotonou. Vamos nos reunir em um trimestre.

1. Kini akọle ọrọ naa? Qual é o título do texto?

2. Tani ohun kikọ akọkọ? Quem é o personagem principal?

3. Ọmọ odun melo ni? Quantos anos ela tem?

4 Kí ni orúkọ bàbá rẹ? Qual é o nome do pai dela?

5 Ọmọ ọdún melo ni? Quantos anos ele tem?

6 Kí ni orúkọ ìyá rẹ? Qual é o nome da mãe dela?

7. Arakunrin melo ni Ayọbamide ni? Quantos irmãos Ayobamide tem?

8 Kí ni orúkọ wọn? Quais são os nomes deles?

9. Kí ni wọ́n fẹ́ ṣe lọ̀sẹ̀ tó ń bọ̀? O que eles querem fazer na semana que vem?

10 Kini ilú ẹbi wọn? Qual é o país de origem deles?

d) Ounjẹ alẹ́	Jantar
Orùkọ mi ni Monifa. Ajikẹ jẹ ọrẹ mi. A kọ́wé papọ ni ilé eko giga. Orùkọ iyá mi ni Ayọde. Loni, iyá mi fẹ sé ounjẹ pataki kan nitori ọjọ-ibi bàbá mi ni. Orùkọ bàbá mi ni Akemi o fẹran lati jẹ irẹsi jollof. Awọn obi iyá mi ati bàbá mi, awọn arakunrin awọn obi mi, ati awọn ibatan mi wa lati ṣe ayẹyẹ pẹlu wa. Bayi, ni owurọ a nlọ si ọja lati ra awo, orita, obe ati ife tuntun, nitori diẹ ninu awọn ọrẹ baba mi naa nbọ. A yoo ra ọti fun ayẹyẹ. Mo fẹ lati ra asọ. Amọ, iyá mi sọ pe akoko kosi ati pé mo ti lẹwa tẹlẹ. Arakunrin mi yoo kọ ifiwepe ayẹyẹ naa ati pe emi ko le duro lati rii bi o ṣe ri.	Meu nome é Monifa. Ajikẹ é minha amiga. Nós estudamos juntas na universidade. Minha mãe se chama Ayọde. Hoje, minha mãe quer fazer uma comida especial, porque é aniversário do meu pai. O nome do meu pai é Akemi e ele adora comer jollof rice. Os meus avôs maternos e paternos, os meus tios e os meus primos vem comemorar conosco. Agora, pela manhã vamos ao mercado, comprar pratos, garfos, facas e copos novos, pois alguns amigos do meu pai também virão. Vamos comprar as bebidas para a festa. Eu queria comprar um vestido. Mas, minha mãe disse que não vai dar tempo e eu já sou linda mesmo. Meu

	irmão irá escrever o convite da festa, estou ansioso para ver como ficou.

1. Kini akọle ọrọ naa? Qual é o título do texto?
2. Tani ohun kikọ akọkọ? Quem é o personagem principal?
3 Ki ni koko ọrọ naa? Qual é o assunto do texto?
4. Kini wọn nilo lati ra? O que eles precisam comprar?
5. Tani nbọ fun ounjẹ alẹ naa? Quem virá para o jantar?

e) Ipadé kan	Um encontro
Maria: Nlẹ, orukọ mi ni Maria tirẹ nkọ? Lekan: Orùkọ mi ni Lekan. M: Nibo loti wa Lekan? L: Ara Benin ni mi. Lati ilú Porto Novo. M: Kini o nṣe nibi ni Rio de Janeiro? L: Bàbá mi jẹ onişowo, ó wa lati ṣe iṣowo ni Brasil. M: Ṣe o ngbadun ilú naa? L: Bẹẹni. O lẹwa pupọ. Mo nifẹ awọn eti-okun ni pataki, ṣugbọn nigba miiran mo fẹ lati lọ raja. M: Mo tùn fẹ lati lọ si ile itaja, ṣugbọn mo fẹ lati lọ wẹ sinu isosile omi. L: Jẹ ki a ṣeto lati lọ si ile-itaja ni ipari osẹ. Bàbá mi yoo tún wa ni orilẹ-ede naa fun ọjọ mẹwa fikun.	Maria: Olá! Meu nome é Maria e o seu? Lekan: Meu nome é Lekan. M: De onde você é Lekan? L: Eu sou do Benin. Da cidade de Porto Novo. M: E o que você está fazendo aqui no Rio de Janeiro? L: O meu pai é comerciante, e veio fazer negócios no Brasil. M: Você está gostando da cidade? L: Sim. É muito bonita. Gosto especialmente das praias, mas, às vezes, prefiro passear no shopping. M: Eu também gosto de ir ao shopping, mas prefiro

M: Dájúdájú, a yoo ṣe.	tomar banho de cachoeira. L: Vamos combinar de ir ao shopping no final de semana. Meu pai ainda vai ficar no país mais dez dias. M: Claro, vamos sim.

1. Kini akọle ọrọ naa? Qual é o título do texto?
2. Kini koko ọrọ naa? Qual é o assunto do texto?
3. Kini orùkọ awọn eniyan ti o pade? Quais os nomes das pessoas que se encontraram?
4. Ibo ni wọn wa? Onde eles estão?
5. Nibo ni Lekan ti wa? De onde Lekan é?
6. Kini Lekan nṣe ni Rio de Janeiro? O que Lekan está fazendo no Rio de Janeiro?
7. Ṣe Lekan ngbadun Rio? Kí ló fẹ̀ràn? Lekan está gostando do Rio? Do que ele gosta?
8. Nibo ni Maria fẹran lati lọ? Onde Maria gosta de ir?
9. Nibo ni Maria ati Lekan gba lati pade? Onde Maria e Lekan combinaram se encontrar?

19. ÌDÁHÙN - RESPOSTAS

CAPÍTULO 5

1- a) Alabi dé ilé awon arakunrin iya rẹ o ni: E Káàro o.

b) Adebi losi oja lọ ra eso fun iya rẹ, o ni: E kaasan. Emi yoo fẹ 1 kg ti manga.

c) E káàsan, baba nla. Se a lo silé àwon arakunrin iya mi ni?

d) E káàlẹ baba. Bawo ni ọjọ rẹ ni ibiṣẹ?

e)Nlẹ Lekan, bawo ni ? Ṣe o ni idanwo ni ile-iwe loni?

2 - a) Ẹkáàalẹ, b) Ẹkáàsan, c) Ẹkurolẹ, d) Ẹkáàrọ, e) Káàrọ, f) Ẹkáàle, g) káàrọ, h) Ẹkáàsan.

3 - O uso do "E" marca o respeito que os iorubás sentem pelas pessoas mais velhas.

4 - a)Lekan: Bawo ni ? Lekan: Como você está?

Adenike: Mo wà dáadáa, ọpẹ ni fún Ọlọrún. Adenike: Eu estou bem, graças a Deus.

b) A: Ṣé aláfia ni? Está bem de saúde?

L: Mo dupẹ. Gratidão.

c)Lekan: Bawo ni ? Como você está?

Adenike: Mo wà dáadáa, ọpẹ ni fún Ọlọrún, ilé nkọ? Eu estou bem graças a Deus, e a sua família?

L: Iré. Estão ótimos.

d) L: Ṣé o jí dáàdáà?

A: Mo (a) dupẹ. Gratidão.

e) L: Ṣé dáàdáà ni? Você está bem?

A: Mo wà dáadáa, ọpẹ ni fún Ọlọrún. Eu estou bem, graças a Deus.

5 - a) L: Ṣé o jí dáàdáà?

A: Mo (a) dupẹ. Gratidão.

b) L: Ṣé dáàdáà ni? Você está bem?

A: Mo wà dáadáa, ọpẹ ni fún Ọlọrún. Eu estou bem, graças a Deus.

6 - a) A: Bawo ni Lekan?

L :Mo wá daadaa, iwo nko?

A: Ire. Loni mi yoo lo si oja, nje o fe ki nra nkankan fun iya re?

L: Beeni. Iyá mi fe ewa, ati iresi. O ṣé púpọ̀.

b) Lekan: Nlé Ayobamide! Bawo ni?

A: Mo wa daadaa, ilé nko?

L: Ire. Njẹ a yoo ni kilasi Portugisi loni?

A: Rara. Loni a yoo ni kilasi isiro.

7 - (3) (5) (1) (2) (4)

8 - O primeiro é usado no singular e não tem um sentido de intensidade, o segundo concede ênfase, tem a marca de autoridade Ẹ, e é usado também no plural.

9 - a) Ku Ọ̀nà ! b) Ku irin ajo! c) Ọ̀sẹ̀ iré ! d)Ẹ káàbọ̀ ! e) Ku ipari ọ̀sẹ̀ f)Ku àìsùn ! g) Ku ìsinmi ! h) O dàbọ̀ ! ati O di ìgbà !

CAPÍTULO 6

1. 1- eyẹn; 2- eyi; 3- awọn - eyi; 4- eyi; 5-awọn - eyi; 6-awọn - eyẹn; 7-eyẹn; 8-awọn - eyi; 9-eyi - eyẹn; 10-eyi

2. 1-rẹ̀; 2-wa; 3-wa; 4-mi; 5-wa; 6-wọn; 7-mi; 8-rẹ̀; 9-yin; 10-rẹ̀

3. 1- awọn tirẹ; 2-temi; 3-temi; 4-tirẹ̀; 5-awọn tirẹ̀; 6-awọn temi; 7-Tiyin

4. a) Mo ṣiṣẹ bi onísẹ̀gùn ehín. Eu trabalho como dentista.
b) Olopa ni baba mi. Meu pai é policial.
c) Ìyá onílé ni iyá mi. Minha mãe é dona de casa.

5. (I) (E) (A) (F) (C) (G) (D) (L) (B) (k) (J) (H) (N) (M)

CAPÍTULO 7

1. Mo nsọ̀rọ̀ / O nsọ̀rọ̀ / Ó nsọ̀rọ̀ / A nsọ̀rọ̀ / Ẹ nsọ̀rọ̀ / Wọn nsọ̀rọ̀

Mo ṣe / O ṣe / Ó ṣe / A ṣe / Ẹ ṣe / Wọn ṣe
Mo sé / O sé / Ó sé / A sé / Ẹ sé / Wọn sé

2. 1- Mo ti kọ iwé pẹlú ikọwé.
2- Ó fẹ́ràn ilé naa.
3- Ó ti fún ní owo.
4- Mo ti ṣéré ninú ọgbá.
5- A ti kà ìwé.
6- Ọrọ mi yé ẹ.
7- Won ní ologbo kan.
8- O ti mọ ọrẹ́ mi.
9- Á rò pé Súpániṣi rọrùn ni.
10- Ẹ ti ṣiṣẹ́ nibi.

3. 1- Ìyáwó náà ti fọ aṣọ Oriṣa.
2-Ó nfọ ọwọ́.
3-A ko jẹ ata.
4- Ó ko fẹ̀ràn lati jẹ ounjẹ tutu.
5- Mi ko fẹ̀ràn ẹran.
6- Won fẹ̀ràn lati jò ati kọ.
7- Mo má rà ẹwa gbogbo òṣù.
8- A ti rà awọn ododo fun Ọṣun.

4. 1- Mi yoo padé rẹ loni.
2- Ni ọjọ aíku a yoo lọ si ọdọ iya-iya wa.
3- Ti o ba ti ní ọdún 18 ó yoo ní anfani lati wakọ bi arabinrin rẹ.
4- A yoo mù tii.
5- A yoo duro ni ọjọ kan fikun.
6- Alabi ati Adúbi yoo sé oúnjẹ.
7- Ṣé ẹ yoo wá ni ipari ọsẹ ti nbọ?
8- Ṣé a yoo padé lọlá ni?
9- Ni ọdún ti nbọ wọn yoo lọ́si Africa.
10- Oju ọjọ yoo dara ni igba ooru yi…

5. a)nkawé b) nkọwé c) nkọ́wé

6. Mo, O, Ó, Émi, E, Wọn

7. Mo, O, Ó, A, Ẹ, Wọn

8. a) Mo wa kekere. b) Won wa lori eti okun. c) Marcus wa ni ile-ikawe.
a) Eu sou pequeno. b) Eles estão na praia. c) Marcus está na biblioteca.

a) A jẹ ọrẹ b) O jẹ ọdọ. c) Paul jẹ ọmọ Amẹrika.
a) Nós somos amigos. b) Você é jovem. c) Paulo é americano.

a) Mo ni iwe kan. b) O ni kilasi ọla. c) Won ni aja meji.
a)Eu tenho um livro. b) Vocês têm aula amanhã. c) Eles têm dois cachorros.

9. Emi , Iwọ, Òun, Àwa, Ẹ̀yin, Àwọn.

10.
Nigbawo ni o lọ si eti okun?
Emi? Emi ko mọ igba naa. Baba mi fẹ lati lọ fun ipari ose.
Ṣe arakunrin rẹ dara? oun ni.
loni o ṣere fun wa, ọla a ṣere.
Emi ati Ayobamide n lo si sinima, lola wọn lo.
Patricia ati Marcos jẹ ọlọgbọn, ṣugbọn wọn ko ṣe daradara ninu ere-ije naa.
Dada ni iwo na nko?

CAPÍTULO 8

1. Awọn igi, awọn Ero Amohuntutu ati ÀDÌRÒ

2. a) awó, ṣibi, orita ati ọ̀bẹ.
b) alaga
c) igò ati ifé.
d) ọ̀bẹ.

e) awó, ibi, orita, abọ / iké, ṣibi ọbẹ̀, ikoko, ọ̀bẹ, firiji/ ero amohuntutu ati adiro

3. a) Ounjẹ áàrọ, b) Ounjẹ ọsán, c)Ìpanu, d) Ounjẹ alẹ́.

4. (D) (C) (B) (A)

5. a) Ìrẹ́sì, b) Omi, c) Ẹfọ́ , d) Àkàrà òyìnbó, e) Adún/ Ṣúgà , f) Wàrà, g) Iṣu, h) Ọsàn, i) Epo òróró , j) Epo pupa, k) Gari, l) Búrẹ́dì, m) Ẹja , n) Àlùbọ́sà, o) Ẹran málúù , p) Gbágùda, q) Àgbàdo, r) Ata, s) Tòmátì , t) Wàrà, u) Ẹ̀wà , v) Iyọ̀ , x) Ẹyin .

6. a) Tòmátì, Ẹfọ́ , Ìrẹ́sì ati Ẹran málúù. b) Ẹ̀wà, Ìrẹ́sì, Tòmátì, Ẹfọ́, Ẹran adiyẹ, ati Omi Esokéso c) Búrẹ́dì, Ẹyin ati Adún/ Ṣúgà .

7. O "jẹ" será utilizado quando formos especificar ou identificar a comida; o "jẹun", por usa vez, quando não especificamos a comida, porque jẹun é a junção de suas palavras: jẹ + ohun = comer alguma coisa ou algo.

8. a) jẹun b) jẹ c) jẹun. d) jẹ e) jẹun.

9. Ni orile-ede Brazil, a jẹ tòmátì, ẹfọ́ , ìrẹ́sì ati ẹran málúù.

CAPÍTULO 9

1. a) O jẹ agbẹjọro to dara pupọ! a) Ele é um advogado muito bom!

b) Wọn ka awọn iwe fun ile-iwe. b) Elas leem livros para a escola.

c) À nkọ́ èdè Yorùbá. c) Nós estudamos a língua yorubá.

d) Wọn jẹ ọmọ ile-iwe ti o dara. d) Eles são bons alunos.

e) O jẹ awọn ewa, iresi, ẹran ati ẹfọ fun ounjẹ ọsan. e) Vocês comem feijão, arroz, carne e verduras no almoço.

2. 1-Má jadé si itá.

2-Má wá ka lọ si ilé.

3-Ẹ̀gbọ́n mi kò rá bátá titun fun mi.

4-Ọ̀jọ̀ kò rọ.
5-Ìdánwò yi kò lé pupọ.
6-Mi kò kọ́'èdè Yoruba.
7-A kò fẹran olúkọ wa.
8-Mi kò ti yó.
9-Wọn ko ní aja meji.
10-Mi kò fẹran lati jó.

3. 1- Mi kò gbá bọọlu.
2- A kò ṣé ọdún ilé wa.
3- Mi kò jẹ ọgẹdẹ.
4- Iyá wa kò sé ounjẹ.
5- Mi kò sùn lana.
6- Mi kò nífẹ́'rẹ.
7- A kò wẹ̀ ni inún okún.
8- Wọn kò kọ́'isẹ́'telọ.
9- Baba mi kò pè mi.
10- Oni ìlù kò lù ìlù rẹ.

4. 1-Ṣe ó ti yó ni? Ele está satisfeito?
2- Kini ó rá? O que ele comprou?
3-Ṣe agbẹro ni wọn? Eles são advogados?
4-Talo'ranti mi? Quem se lembrou de mim?
5-Ṣe a lé ró gbogbo nkán wo ni? Podemos pensar em tudo?

5. 1- Níbo; 2- Tani; 3- Ibo; 4- Nígbàwó; 5- Kíni; 6- Mélo; 7- Èelo

6. a) Orúkọ ni mi (seu nome)
b) Mo wà dáàdáà.
c) Mo ní ọdún (sua idade)
d) Ọmọ ilé-iwé ni OU Olukọ ni

CAPÍTULO 10

1. a) imú,b) ẹnu, c)Irun/Ọrùn d)Ẹsẹ̀ e) Ọwọ́ f) Oju penpe/ Oju.

2. a) Ẹsẹ mi dun. a) Meus pés doem.
b) Irun ọrẹ mi lẹwa o si gun. b) O cabelo da minha amiga é lindo e longo.
c) Arakunrin mi ni ẹsẹ ti o farapa. c) Meu irmão está com a perna machucada.
d) Oju egbon mi yo. d) Os olhos do meu primo são verdes.
e) Ayobamide ni oju kekere. e) Ayobamide tem um rosto pequeno.

3. a) Mo gbo orin ibile pupo. a) Eu escuto muitas músicas tradicionais.
b) Emi ko fẹ lati gbọ orin ajeji. b) eu não quero ouvir músicas estrangeiras.
c) Lana, Emi ko ri oṣupa kikun. c) Ontem, não vi a lua cheia.
d) Mo ri ọrẹ mi ile-iwe lori ibujoko. d) Eu vi meu amigo da escola no banco.

4. a)Ọwọ́, b) oju, c) ẹtí, d) imú, e) ẹnu.

5.(E) (D) (B) (C) (A)

CAPÍTULO 11

1. mẹtala - mẹ́rin - mẹẹdogun

2. 1 – Ọkan; 2 – Meji ; 3 – Mẹta; 4 – Mẹrin; 5 – Marun; 6 – Mẹfa; 7 – Meje;8 – Mẹjọ; 9 – Mẹsan; 10 – Mẹwa; 11 – Mọkanla; 12 – Mejila; 13 – Mẹtala; 14 – Mẹrinla; 15 – Mẹẹdogun; 16 – Mẹrindinlogún; 17 – Mẹtadinlogún; 18 – Mejidinlogún; 19 – Mọkandinlogún; 20 – Ogún.

3. (ligar números e seus nomes em Yoruba; ver acima)

4. peixe

5. a)Agogo mejila ó kọ́já iṣẹ́ju mẹ́ẹ̀dogun osán

b)Agogo mejila ó kọ́já iṣẹ́ju aadọta ọsán / agogo ọkan ó ku iṣẹ́ju mẹwa

c)Agogo mẹta ó kọ́já iṣẹ́ju mẹwa ọsán.

d) Agogo meji ááàbọ ááàrọ.

e)Agogo mẹwa ó kọ́já iṣẹ́ju ogun.

f)Agogo marun ó kọ́já iṣẹ́ju aadọta / Agogo mẹfa o kù iṣẹ́ju mẹwa.

g)Agogo mọkanla.

h)Agogo mejọ ó kọ́já iṣẹ́ju ogoji.

i)Agogo mesan ó kọ́já iṣẹ́ju mokanlelogbon.

6. a) Ifiwepe ni. É um convite.

b) Ó jẹ́ ifiwepe sí ayẹyẹ ọjọ́ ìbí. É um convite para uma festa de aniversário.

c) Yoo jẹ́ ni aago meje alẹ. Será as 19 horas.

d) Ifamọra ńlá si gbogbo eniyan. Um grande abraço a todos.

7. (2) (7) (6) (3) (5) (1) (4)

8. Texto a) 1- Fernanda ní ọdún 18. Ó ní ọdún 15. Cecília tem 15 anos ou Ela tem 15 anos

2- Ni abamẹta ati aikú ó ma nsinmi ni ilé / Ni ipari ọ̀sẹ̀ ó ma nsinmi ni ilé. No sábado e no domingo ela descansa em casa / No final de semana ela descansa em casa.

3- Ni ọjọ́ajé Fernanda ma nkọwé. Ni ọjọ́iṣẹgún Fernanda ma nṣé awọn adaṣé rẹ. Ni ọjọrú, Fernanda ma nló akoko pẹlu ẹbi rẹ. Ni ọjọbọ, Fernanda ma nṣé iranlọwọ fun iyá rẹ lati nù ilé. Ni ọjọ́ẹti Fernanda ma nbẹ awọn obi-obi mi wó ni igbamiran ti bá rí ayè. Na segunda-feira, Fernanda estuda. Na terça feira Fernanda faz seus deveres de casa. Na quarta feira, Fernanda passa tempo com sua família. Na quinta feira, Fernanda ajuda sua mãe a limpar a casa.

Na sexta feira, Fernanda visita seus avós às vezes se tiver tempo livre

Texto b. a) O n ṣe ayẹyẹ ni Oṣu ỌWAWA. Ele comemora em outubro.
b) Ojo ibi mi jẹ́ ninu oṣu Ẹrẹna. Meu aniversário é no mês de março.
c) A n ṣe ayẹyẹ keresimesi ni oṣu Ọpẹ. Comemoramos o Natal em dezembro.
d) Orúkọ oṣù kẹfà ni ÒKÙDÚ. O nome do sexto mês é junho.
e) Oruko osu keji ni ÈRÉLE . O nome do segundo mês é fevereiro.

9. a) Awọn ohun kikọ ọrọ naa ni Maria ati Oguntosyn. a) Os personagens do texto são Maria e Oguntosyn.
b) Olùkọ́ ni, ó sì jẹ́ akẹ́kọ̀ọ́. b) Ele é professor e ela é aluna.
c) O fe ri iwé kan nipa itan ilú Benin. c) Eler quer encontrar um livro sobre a história do Benin.
d) Láti mọ̀ nípa àwọn baba ńlá. d)Para conhecer sobre os antepassados.

10.a) Ṣẹ́rẹ́, b) Èréle, c) Ẹrẹ́nà, d) Igbe, e) Ẹbíbí, f) Òkùdú, g)Agẹmọ, h) Ògún, i)Ọ̀wẹwẹ̀, j) Ọ̀wàrà, k) Belu, l) Ọpẹ́.

CAPÍTULO 12

1. a) Akọle ni Igbeyawo. a) O título é Casamento. b) Igbeyawo naa jẹ odun to koja. b) O casamento foi no ano passado. c) Awọn obinrin ró ọ̀já ati pé wọn wé gélé sori. c)As mulheres amararam ọja e colocaram gélé na cabeça. d)Awọn ọkunrin wọ́ agbádá ati filà gọbi. d) Os homens colocaram agbada e chapéu gobi.

2. a) Akọle naa ni rira. O título é As compras. b) b) Awọn rira aṣọ fun iṣẹlẹ pataki kan ni Ile-ẹkọ giga. A compra de roupas para um

evento importante na Universidade. c) Awọn ohun kikọ naa ni: onirohin, iya ati baba rẹ, aburo rẹ ati arabinrin rẹ ati obirin ti o ta ọja ni ile itaja. Os personagens são: o narrador, a mãe e o pai, o tio e a irmã dele e a vendedora da loja. d) Wọn ra ni ile itaja kan ni Ile-iṣẹ Ilu. Eles compraram em uma loja no Centro da Cidade. e) Wọn ra aṣọ, aṣọ, sokoto ati ẹwu. Elas compraram vestidos, um terno, uma calça e uma blusa.

CAPÍTULO 13

1.1-iwájú; 2-èyìn; 3-aarín; 4-ẹ̀gbẹ́; 5-òkè; 6-ọ̀tun - òsì; 7-pọ; 8-inú

2. 1- níbí; 2- òkè; 3- papọ̀; 4- ọ̀là; 5- láìpẹ́; 6- kii; 7- tètè; 8- yọ kẹlẹ; 9- pẹ̀lẹ̀; 10- ku diẹ

CAPÍTULO 14

1. 1- a) O ngbe ni Cotonou. a) Ele mora em Cotonou.
b) Omo odún merinla ni. b) Ele tem 14 anos.
c) Orúko bàbá re ni Adigun àti iyá re ni Amopé. c) O nome do pai é Adigun e da mãe é Amopé.
d) Ó ní àbúrò méjì. Orukọ wọn ni Ajani ati Atunke. d) Ele tem dois irmãos. Os nomes deles são Ajani e Atunke
e) O nifẹ lati ṣe bọọlu. e) Ele gosta de jogar futebol.

2, 3, 4 e 5 são respostas pessoais

CAPÍTULO 15

1. 1 -O pato voou para a floresta. ; 2- Eu fui para a casa da minha mãe. ; 3 -Ela/ele deu um sapato masculino para a Ana!; 4 -Nós temos 7 professoras.; 5- A leoa está cuidando dos filhotes. 6 - Você viu a girafa? Acho que é macho.

2. SUBSTANTIVO	PLURAL	TRADUÇÃO
ÌWÉ	awọn ìwé	Livros
ORUKÁ	awọn oruká	anéis
BỌỌLU	gbogbo bọọlu	Todas as bolas
KẸKẸ́	awọn kẹ̀kẹ́	bicicletas/motos
ÀGA	awọn àga	cadeiras
IKỌWÉ	awọn ikọwé	canetas
OKÚN	okún mẹ́rin	Quatro cordas
KỌ́KỌ́RỌ́	awọn kọ́kọ́rọ́	chaves
ODODO	ọ̀pọ̀lọ́pọ̀ ododo	Muitas flores
ÌRÀWỌ̀	gbogbo ìràwọ̀	Todas as estrelas
Ọ̀BẸ	awọn ọ̀bẹ	facas
SÁLÚBÀTÀ	ọ̀pọ̀lọ́pọ̀ sálúbàtà	Muitos chinelos
GBÓLÓHÙN	awọn gbólóhùn	frases
ILẸKẸ	awọn ilẹkẹ	fios de conta/joias
ÀBÁ	àbá mẹwa	10 ideias
FILÁ	awọn filá	chapéus
ỌSÀN	ọsàn mẹ́jila	Doze laranjas
ẸYIN	awọn ẹyin	ovos
ABỌ̀	abọ̀ áàdọrin	70 pratos
ÌTA	awọn ìta	ruas

ẸJA	awọn ẹja	peixes

3. 1 -Àwọn ilé mi dáradára; 2- Mo ní àwọn ìwé.; 3 -Ó rà àwọn bàtà fun ọmọ rẹ́.; 4- Àwọn ajá kò fẹ́ràn ológbò náà.; 5-Ilé-ìwé ní àwọn àga.; 6-A ní àwọn kẹ̀kẹ̀.; 7-Mo rí àwọn ẹṣin ni oko.; 8-Fúnkẹ́ ní àwọn fila pupa.; 9-A fún àwọn oruka fun ìyá wa.; 10 - Maria ní àwọn ológbò.

4. 6 - 7 -1 - 3 - 2 - 5 - 4
5. 3 - 2 - 1 - 4

CAPÍTULO 16

1. Bàsá; yàrá ìbúsún; baluwẹ; ilé ìdáná; ifọṣọ; ọgbá ọkọ̀.

3. a) Yàrá Quarto. b) Ilé ìdáná. Cozinha c) yàrá tabi yàrá igbafẹ Quarto ou Sala de estar. d) Baluwẹ. Banheiro e) Ọgbá. Quintal. f) Ogbá. Quintal.

4. a) ngba varre b) nfọ lava c) sùn dorme d) wẹ̀ tomar banho. e) gba varrer.

5. a) Ìgbalẹ̀ ati ìkólẹ́. Vassoura e pá. b) Ilẹ̀. Chão. c) Apoti aṣọ. Guarda-roupa. d) Digi. Espelho. Àwọn ìrọrí. Travesseiros. f) Ẹ̀rọ omi. Chuveiro. g) Ìbùsùn. Cama. h) Ìlẹ̀kùn. Porta. i) Àga. Cadeira.

CAPÍTULO 17

1. 1- Ọmọkùnrin naa nlọ'si ile-iwe.
2- Bawo ni o ma njẹ?
3- Mo fẹ́ ṣuga.
4- Ṣe o ma (mu) tii ?
5- Ṣé ọrẹ rẹ ma (lù) duru?
6-Kini o nṣe ?
7- Wọn nwọ ẹwú
8- A nfọ aṣọ wa.

9- Ki lodé ti o nsunkún?
10- Ẹ nsè ẹwa ati iṣú.
11- Nitori kini ẹ tété nlọ loni?
12- Baba mi nkọ́ ilé.
13- Abúro mi nbó alúbọsa.
14- A npadé eniyan pupọ loni.
15- Baba mi ati iya mi nsọ̀rọ̀.

CAPÍTULO 18

a) 1. Won jẹ́ ọ̀rẹ lati kékéré. Eles são amigos desde pequenos; 2- Adisa jẹ́ ẹni tó fẹran lati jadé, lati ṣéré pupọ, ati lati lọ́ si sinima.Adissa é uma pessoa que gosta muito de sair, brincar e de ir ao cinema ; 3- Nitori pé ó ti ṣé igbéyawo. Porque ele casou ; 4- Ọ̀rẹ Adisa léri fun iyawo rè pé yoo ma mú inú rẹ̀ dún nigbagbogbo. O amigo de Adisa prometeu à esposa que sempre a fará feliz.

b)1. Akọle naa ni "Tani ẹ". O título é "Quem é você"; 2. Orukọ rẹ ni Victor. O nome dele é Vitor ; 3. Ọmọ ọdún mẹ́rìnlélógún [24] ni. Ele tem 24 anos.; 4.O jẹ ọmọ ile-iwe ni UERJ. Ele é estudante da UERJ ; 5.Nàìjíríà ni wọ́n bí i. Ele nasceu na Nigéria.; 6.O ni awọn arakunrin meji, ọmọkunrin ati ọmọbirin kan. Ele tem dois irmãos, um menino e uma menina.; 7.Orukọ wọn ni Julio ati Lucas. Os nomes deles são Julio e Lucas. ;8.Ò fẹran lati kawé, lati gbá bọọlu afẹsẹgba, lati gbọ orín ati lati jó. Ele gosta de estudar, de jogar futebol, de escutar música e de dançar.

c) 1. Akọle naa ni "Ẹbi kan". O título é "Uma família".; 2. Orukọ rẹ ni Ayọbamide. O nome dele é Ayọbamide. ; 3. Ọmọ ọdún mẹ́rìnlélógún 13 ni. Ele tem 13 anos.; 4. Orúkọ bàbá rẹ íi Akanmu. O nome do pai dela é Akanmu.; 5. Ọmọ odún mejilelogọji ni. Ele tem 42 anos.; 6. Orúkọ ìyá rẹ̀ ni Aṣakẹ. O nome da mãe dela é Aṣakẹ ; 7. O ní arakùnrin mẹta bi. Ela tem três irmãos; 8. Orukọ wọn ni Ajikẹ, Amọpe ati Abẹgbe. Os nomes deles são Ajikẹ, Amọpe ati Abẹgbe; 9. Wọn fẹ lati rin irin-ajo. Wọn fẹ lati lọ si eti okun ni

Cotonou. Eles querem viajar. Eles querem ir a praia em Cotonou.; 10. Benin ni orílẹ-èdè wọn. O país de origem deles é o Benin.

d) 1. Akọle naa ni "Ounjẹ alẹ́ ". O título é "Jantar".;2. Orukọ rẹ ni Monifa. O nome dele é Monifa.; 3. Wọn yoo ounjẹ alẹ pataki laarin ẹbi. Eles vão fazer um jantar especial em família.; 4. Wọn nilo lati ra awọn ohun elo ibi idana: orita, awọn ọbẹ, awọn agolo, ati bẹbẹ lọ. Eles precisam comprar utensílios de cozinha: garfos, facas, copos, etc.; 5. Awọn ọmọ ẹgbẹ ẹbi ati diẹ ninu awọn ọrẹ baba Monifa. Os familiares e alguns amigos do pai de Monifa.

e)1. Akọle ọrọ naa jẹ Ọjọ kan. O título do texto é Um encontro; 2. Koko ọrọ naa jẹ nipa ipade ti Maria pẹlu Lekan ni Rio de Janeiro. O assunto é sobre o encontro de Maria com Lekan no Rio de Janeiro; 3. Orukọ awọn eniyan ti o pade jẹ Lekan ati Maria. Os nomes das pessoas que se encontraram é Lekan e Maria.; 4. Wọn wa ni ilu Rio de Janeiro. Eles estão na cidade do Rio de Janeiro; 5. Ara Benin ni Lekan. Lekan é do país Benin.; 6. Baba rẹ́ jẹ onișowo kan o wa lati ṣe ișowo ni Brazil. O pai do lekan é comerciante e faz negócios no Brasil.; 7. Bẹẹni, Lekan ngbadun Rio. Ó nifẹ awọn eti okun ni pataki, ṣugbọn nigba miiran ó fẹ lati lọ raja. Sim, ele está gostando do Rio. Ele ama as praias mas prefere passear no shopping.; 8. Maria fẹran lati lọ sinu isosile omi. Maria gosta de ir à cachoeira.; 9. Maria ati Lekan ti gba lati lọ si ile-itaja ni ipari ose. Maria e Lekan combinaram de ir ao shopping no fim de semana.

Esperamos que tenham gostado do material tanto quanto nós gostamos de fazê-lo. Nos procurem para fazer nosso curso, assim o material vai ficar mais compreensível e você aprimora sua experiência em Cultura e Língua Yorùbá. Venha trocar conhecimento com a gente!

Equipe Kẹ́kọ́

www.ingramcontent.com/pod-product-compliance
Ingram Content Group UK Ltd.
Pitfield, Milton Keynes, MK11 3LW, UK
UKHW021518031026
15588UKWH00004B/1081

9 786500 7642